结构与行为

中国产业组织研究

马建堂 - 主笔

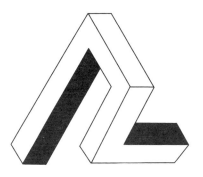

STRUCTURE AND BEHAVIOR
A STUDY OF CHINA'S INDUSTRIAL ORGANIZATION

（校订本）

知识产权出版社
全国百佳图书出版单位
—北京—

图书在版编目（CIP）数据

结构与行为：中国产业组织研究：校订本 / 马建堂主笔 . —北京：知识产权出版社，2022.1

（孙冶方经济科学奖获奖作品选）

ISBN 978-7-5130-7876-4

Ⅰ.①结… Ⅱ.①马… Ⅲ.①产业组织—研究—中国 Ⅳ.①F269.24

中国版本图书馆 CIP 数据核字（2021）第 242616 号

总 策 划：王润贵	**项目负责**：蔡 虹
套书责编：蔡 虹 石红华	**责任校对**：谷 洋
本书责编：栾晓航	**责任印制**：刘译文

结构与行为：中国产业组织研究（校订本）

马建堂 主笔

出版发行：**知识产权出版社**有限责任公司	网 址：http://www.ipph.cn
社 址：北京市海淀区气象路 50 号院	邮 编：100081
责编电话：010-82000860 转 8324	责编邮箱：caihongbj@163.com
发行电话：010-82000860 转 8101/8102	发行传真：010-82000893/82005070/82000270
印 刷：三河市国英印务有限公司	经 销：各大网上书店、新华书店及相关专业书店
开 本：787mm×1092mm 1/32	印 张：8.125
版 次：2022 年 1 月第 1 版	印 次：2022 年 1 月第 1 次印刷
字 数：230 千字	定 价：58.00 元

ISBN 978-7-5130-7876-4

出版说明

　　知识产权出版社自 1980 年成立以来，一直坚持以传播优秀文化、服务国家发展为己任，不断发展壮大，影响力和竞争力不断提升。近年来，我们大力支持经济类图书尤其是经济学名家大家的著作出版，先后编辑出版了《孙冶方文集》《于光远经济论著全集》《刘国光经济论著全集》和《苏星经济论著全集》等一批经济学精品力作，产生了广泛的社会影响。受此激励和鼓舞，我们和孙冶方经济科学基金会携手于 2018 年 1 月出版《孙冶方文集》之后，又精选再版孙冶方经济科学奖获奖作品。

　　"孙冶方经济科学奖"是中国经济学界的最高奖，每两年评选一次，每届评选的著作奖和论文奖都有若干个，评选的对象是 1979 年以来所有公开发表的经济学论著。其获奖成果基本反映了中国经济科学发展前沿的最新成果，代表了中国经济学研究各领域的最高水平。这次再版的孙冶方经济科学奖获奖作品，是我们从孙冶方经济科学奖于 1984 年首届评选到 2017 年第十七届评选出的获奖著作中精选的 20 多部作品。这次再版，一方面是为了缅怀和纪念中国卓越的马克思主义经济学家和中国经济改革的理论先驱孙冶方同志；另一方面有助于系统回顾和梳理我国经济理论创新发展历程，对经济学同人深入研究当代中国经济学思想史，在继承的基础上继续推动我国经济学理论创新、更好构建中国特色社会主义政治经济学都具有重要意义。

　　在编辑整理"孙冶方经济科学奖获奖作品选"时，有几点说明如下。

第一，由于这20多部作品第一版是由不同出版社出版的，所以开本、版式、封面和体例不太一致，这次再版进行了统一。

第二，再版的这20多部作品中，有一部分作品这次再版时作者进行了修订和校订，因此与第一版内容不完全一致。

第三，大部分作品由于第一版时出现很多类似"近几年""目前"等时间词，再版时已不适用了。但为了保持原貌，我们没有进行修改。

在这20多部作品编辑出版过程中，孙冶方经济科学基金会的领导和同事对本套图书的出版提供了大力支持和帮助；86岁高龄的著名经济学家张卓元老师亲自为本套图书作了思想深刻、内涵丰富的序言；这20多部作品的作者也在百忙之中给予了积极的配合和帮助。可以说，正是他们的无私奉献和鼎力相助，才使本套图书的出版工作得以顺利进行。在此，一并表示衷心感谢！

知识产权出版社

2019年6月

结构与行为：中国产业组织研究（校订本）

总　序

张卓元

　　知识产权出版社领导和编辑提出要统一装帧再版从 1984 年起荣获孙冶方经济科学奖著作奖的几十本著作，他们最终精选了 20 多部作品再版。他们要我为这套再版著作写序，我答应了。

　　趁此机会，我想首先简要介绍一下孙冶方经济科学基金会。孙冶方经济科学基金会是为纪念卓越的马克思主义经济学家孙冶方等老一辈经济学家的杰出贡献而于 1983 年设立的，是中国在改革开放初期最早设立的基金会。基金会成立 36 年来，紧跟时代步伐，遵循孙冶方等老一辈经济学家毕生追求真理、严谨治学的精神，在经济学学术研究、政策研究、学术新人发掘培养等方面不断探索，为繁荣我国经济科学事业做出了积极贡献。

　　由孙冶方经济科学基金会主办的"孙冶方经济科学奖"（著作奖、论文奖）是我国经济学界的最高荣誉，是经济学界最具权威地位、最受关注的奖项。评奖对象是改革开放以来经济理论工作者和实际工作者在国内外公开发表的论文和出版的专著。评选范围包括：经济学的基础理论研究、国民经济现实问题的理论研究，特别是改革开放与经济发展实践中热点问题的理论研究。强调注重发现中青年的优秀作品，为全面深化改革和经济建设，为繁荣和发展中国的经济学做出贡献。自 1984 年评奖活动启动以来，每两年评选一次，累计已评奖 17 届，共评出获奖著作 55 部，获奖论文 175 篇。由于孙冶方经济科学奖的评奖过程一直是开放、公开、公平、公正的，在作者申报和专家推荐的基础上，由全国著名综合性与财经类大学经济院系和中国社会科学院经济学科领域研究所各推荐一名教授组成的初评小组，进行独立评审，提出建议入围的论著。然后由基金会评奖委员会以公开讨论和无记名投票方式，以简单多数选定获奖作品。最近几届的票决结果还要进行公示后报基金会理事会最终批准。因此，所有获奖论著，都是经过权威专家几轮认真的公平公正的评审筛选后确定的，因此这些论著可以说代表着当时中国经济学研究成果的最高水平。

作为 17 届评奖活动的参与者和具体操作者，我不敢说我们评出的获奖作品百分之百代表着当时经济学研究的最高水平，但我们的确是尽力而为，只是限于我们的水平，肯定有疏漏和不足之处。总体来说，从各方面反映来看，获奖作品还是当时最具代表性和最高质量的，反映了改革开放后中国经济学研究的重大进展。也正因为如此，我认为知识产权出版社重新成套再版获奖专著，是很有意义和价值的。

首先，有助于人们很好地回顾改革开放 40 年来经济改革及其带来的经济腾飞和人民生活水平的快速提高。改革开放 40 年使中国社会经济发生了翻天覆地的变化。贫穷落后的中国经过改革开放 30 年的艰苦奋斗于 2009 年即成为世界第二大经济体，创造了世界经济发展历史的新奇迹。翻阅再版的获奖专著，我们可以清晰地看到 40 年经济奇迹是怎样创造出来的。这里有对整个农村改革的理论阐述，有中国走上社会主义市场经济发展道路的理论解释，有关于财政、金融、发展第三产业、消费、社会保障、扶贫等重大现实问题的应用性研究并提出切实可行的建议，有对经济飞速发展过程中经济结构、产业组织变动的深刻分析，有对中国新型工业化进程和中长期发展的深入研讨，等等。阅读这些从理论上讲好中国故事的著作，有助于我们了解中国经济巨变的内在原因和客观必然性。

其次，有助于我们掌握改革开放以来中国特色社会主义经济理论发展的进程和走向。中国的经济改革和发展是在由邓小平开创的中国特色社会主义及其经济理论指导下顺利推进的。中国特色社会主义理论体系也是在伟大的改革开放进程中不断丰富和发展的。由于获奖著作均系经济理论力作，我们可以从各个时段获奖著作中，了解中国特色社会主义经济理论是怎样随着中国经济市场化改革的深化而不断丰富发展的。因此，再版获奖著作，对研究中国经济思想史和中国经济史的理论工作者是大有裨益的。

最后，有助于年轻的经济理论工作者学习怎样写学术专著。获奖著作除了少数应用性、政策性强的以外，都是规范的学术著作，大家可以从中学到怎样撰写学术专著。获奖著作中有几套经济史、经济思想史作品，都是多卷本的，都是作者几十年研究的结晶。我们在评奖过程中，争议最少的就是颁奖给那些经过几十年研究的上乘成果。过去苏星教授写过经济学研究要"积之十年"，而获奖的属于经济史和经济思想史的专著，更是积之几十年结出的硕果。

是为序。

2019 年 5 月

再版之序

　　首先感谢知识产权出版社再版我主笔的《结构与行为——中国产业组织研究》一书。

　　我对产业组织理论产生兴趣并着手研究始于 1989 年，但与其相关的企业行为和产业结构研究开始得更早一些。我是 1985 年从南开大学经济研究所毕业，经过半年的留所工作后考上了中国社会科学院研究生院经济系的博士研究生，师从著名经济学家孙尚清研究产业结构问题。在南开求学期间，我对我国经济体制改革中的工资和收入分配问题研究较多，感到当时的放权或分权式改革助长了企业的轻积累重分配的倾向，随后又研究不同所有制对企业分配行为的影响。1985 年、1986 年相继在《经济研究》等重要刊物上发表了数篇研究企业行为的文章。后来，因准备《周期波动与结构变动》这篇博士论文，我的研究领域从微观层面更多转向宏观层面的经济周期波动对产业结构的影响，对企业行为的研究就暂时放了下来。

　　1988 年底，博士生毕业后到了国务院发展研究中心工作。第二年，我申请了国家自然科学基金青年基金项目——企业结构与市场组织研究。以此为契机，产业组织成为我的又一个重要研究领域。经典的产业组织理论架构是结构—行为—绩效，即市场结构决定企业行为，企业行为影响市场绩效。这里的市场结构是指市场的垄断或竞争状态，核心指标是本行业头部企业占有的市场份额；企业行为是指在特定的市场状态下企业的竞争行为、定价行为和创新行为；市场绩效是指这一特定市场或行业的价格水平、产品或服务质量等。这一理论的基本结论是竞争性的市场结构有助于企业创新，进而有利于增加社会福利。我以前的企业行为研究，看重的是所有制结构或所有制类型决定或影响着企业行为，而产业组织理论强调市场结构或竞争状态决定或影响着企业行为，把这两者结合起来对企业行为的研究才更加全面和深刻。

从 1989 年开始这项研究，到现在已经 31 年了，从中国人民大学出版社 1993 年出版此书至今也已经 27 年。历史的时针走过了 30 年，但本书和我曾从事过的企业行为研究的一些基本结论，现在看来仍有价值。比如，我们要坚持不懈地推动国有企业改革，不断完善国有企业治理结构，使企业的行为更加合理，更有助于每个所有者权益的实现；又比如，必须继续放宽市场准入，强化竞争政策地位，打破各种行政性、自然性垄断障碍，进一步鼓励和保护竞争。当然，由于自己当时的学识不够和限于当时的历史条件，有些研究还是初步的甚至是粗浅的。为了保持历史原貌，这次再版没有做任何修改。

值此再版之际，再一次对知识产权出版社不弃陈旧、将其收录于"孙冶方经济科学奖获奖作品选"予以再版表示感谢，再一次向该书的首次出版和发行者——中国人民大学出版社、向热情的专业的原责任编辑梁晶女士表示感谢，是你们不嫌稚嫩，将其出版，这才有可能于 1994 年荣获孙冶方经济科学奖。同时，我还要感谢该书的合作者陈小洪、吴仁洪、金尔林、王丽杰、房汉廷、姚广海和丁宏祥，此书也凝聚着他们的智慧和心血。当然，作为课题组负责人和主笔，错误和偏颇之处仍要由我负责。

此书再版之际，我们即将迎来党的百年诞辰。在中国共产党的坚强领导下，祖国大地发生了翻天覆地的变化，即将实现中华民族伟大复兴的第一个百年目标，正在开启建设社会主义现代化强国的新征程。躬逢盛世，不负年华，何其荣幸！亲临其中，微薄奉献，何其光荣！

再版之序

马建堂
2020 年 9 月 23 日于北京

目 录

1章　导　论　*1*

2章　现代产业组织理论的进展及主要内容　**11**

　　§2.1　国外现代产业组织理论的演变和特点　*11*

　　§2.2　研究框架　*17*

　　§2.3　企业、企业目标与行为差异　*19*

　　§2.4　市场结构　*29*

　　§2.5　企业行为　*38*

3章　中国的市场结构Ⅰ：行业集中度　**50**

　　§3.1　市场份额、行业集中度及其度量　*50*

　　§3.2　我国主要工业行业集中度和集中系数　*52*

　　§3.3　行业集中度与行业绩效的关系　*56*

　　§3.4　行业进入壁垒与行业集中度的关系　*59*

4章　中国的市场结构Ⅱ：规模水平　**63**

　　§4.1　中国工业企业规模水平的估计　*63*

　　§4.2　几个主要行业的规模水平　*69*

　　§4.3　我国市场状况与行业规模水平的关系　*78*

5章　中国的市场结构Ⅲ：进入壁垒　*82*

　§5.1　进入机制和进入壁垒的分类　*82*

　§5.2　进入壁垒的效应和壁垒高低的衡量　*84*

　§5.3　我国主要工业行业进入壁垒的比较　*88*

　§5.4　确立适合我国国情的竞争政策　*93*

6章　中国企业行为Ⅰ：理论框架　*96*

　§6.1　决定企业行为的基本因素及现代经济学对
　　　　企业行为的一般分析　*96*

　§6.2　产权结构对企业行为的影响　*100*

　§6.3　企业规模与企业决策和组织　*110*

　§6.4　企业规模与企业行为　*115*

7章　中国企业行为Ⅱ：实证分析　*122*

　§7.1　关于国有企业的行为目标　*122*

　§7.2　影响企业行为目标的因素　*126*

　§7.3　增加利润行为　*135*

　§7.4　竞争行为1：广告行为　*143*

　§7.5　竞争行为2：降价行为　*147*

　§7.6　竞争行为3：合并行为　*150*

8章　中国工业企业规模结构与市场运行　*158*

　§8.1　企业规模结构与市场运行　*158*

　§8.2　我国企业规模结构的演变与现状　*161*

　§8.3　我国市场运行的特征及其对企业规模结构
　　　　演变的影响　*170*

　§8.4　促进我国企业规模结构合理化和提高市场
　　　　运行效率的对策　*180*

结构与行为：中国产业组织研究（校订本）

9章 中国机电企业组织结构与市场行为 *185*

§9.1 组织结构现状 *185*

§9.2 组织结构特性分析 *192*

§9.3 市场行为分析 *195*

§9.4 原因分析 *202*

§9.5 对策建议 *207*

10章 中国商业企业结构与行为 *210*

§10.1 中国商业企业结构的现状 *210*

§10.2 商业企业行为短期化的表现 *216*

§10.3 结构与行为的变异对整个经济运行的
正向作用 *218*

§10.4 结构与行为的变异对整个经济运行的
负向作用 *220*

§10.5 结构与行为的变异对市场机制的影响 *223*

11章 中国物资行业组织结构与市场发育 *228*

§11.1 物资流通组织结构的现状 *228*

§11.2 结构与行为对市场发育的影响 *232*

§11.3 组织结构重组所需要的体制条件 *235*

§11.4 组织结构重组的方向和对策 *239*

后 记 *243*

目

录

1章 导 论

  企业结构和行为、市场结构和组织，以及企业与市场的相互影响，属于产业组织理论（Industrial Organization Theory，简称"IO 理论"）的基本研究内容。这一理论的核心是分析企业内部结构（产权结构、组织结构）和企业外部的市场结构（行业或市场的集中度、进入壁垒等）对企业行为的影响；这一理论的目的是在上述理论分析的基础上通过企业内部和外部的组织政策，保证企业行为的相对优化，实现较高的市场绩效。这种实用性目标决定了这门科学的研究方法主要是实证的，是一门应用性的经济科学。

  从理论渊源上说，产业组织理论是微观经济学的应用。然而，产业组织理论作为一门独立的科学的出现，却是以马歇尔为代表新古典理论失效的结果。19 世纪末、20 世纪初，随着科学技术的发展，企业规模日益扩大，生产的集中程度也愈来愈高。在生产和资本集中的基础上，垄断企业相继出现。这些垄断企业控制了市场较大份额，它们能左右价格和确定产量。于是，垄断企业的行为与新古典经济学所描述的企业行为出现了巨大的背离。第一，对于垄断企业而言，市场价格不再像新古典经济学所描述的那样，是一个外生变量，而是垄断企业自主决策的结果；第二，对于垄断企业而言，它的生产规模不再像新古典经济学所认定的那样，位于边际成本等于价格曲线的那一点。正是由于企业行为的这些巨大变化，新古典经济学已不能解释现实生活中企业行为的真实特征，于是哈佛大学经济学教授张伯伦和剑桥大学的罗宾逊夫人于20世纪30年代初分别出版了《垄断竞争理论》和《不完全竞争理论》。这两部著作的问世标志着现代产业组织理论的萌生。在这种理论的指导下，哈佛大学商学院的麦森教授（Mason）领导了一个包括贝因（Bain）在内的研究小组。这个小组对不同行业的市场结构、企业行为进行了实证分析，并在理论上构造了市场结构—企业行为—运行效果的分析框架（简称"SCP方法"）。从此正统产业组织理论在麦森和贝因等人的努力下，便正式诞生了。

20世纪60—70年代，随着计算机的应用，正统产业组织理论在过去案例分析和行业实证分析的基础上，又引进了计量分析，即选取较大数量的样本，从数量上归纳、确定市场结构、企业行为和运行效果之间的逻辑关系。

20世纪70年代末起，产权组织理论、交易费用理论和合理预期理论等微观经济学有了进一步发展。产业组织理论又在80年代发生了较大变化：一是强调市场结构（Market Structure，记为S）→企业行为（Enterprice Conduct，记为C）→市场绩效（Market Porformance，记为P）这种单向联系，从而把研究重点放在市场结构上的正统产业组织理论演变为强调 $S \longleftrightarrow C \longleftrightarrow P$ 双向联系的新产业组织理论；二是非主流产业组织理论，如芝加哥学派、新制度学派和新奥地利学派的出现和发展（详见2章）。

在产业组织理论研究不断深化的同时，以优化和调整企业结构和市场结构为目标的组织政策也不断完善，特别是作为后者主要内容的反托拉斯政策日臻成熟，成为防止西方市场结构垄断化的重要力量。

总之，经过半个多世纪的发展，产业组织理论在西方已经成为一门非常完整、对产业组织政策影响极大的学科。

与西方产业组织理论发展速度和成熟程度相比，我国这一领域的研究则薄弱和落后得多。主要表现是：第一，我国企业行为研究一方面尚处在逻辑推理阶段，缺乏相应的实证研究；另一方面研究的视野又相对狭窄。第二，对市场结构的研究比较零散，对基本行业的市场结构状况（如行业集中度、进入壁垒等）不甚清楚。

企业行为是产业组织理论的重要研究内容。特别是在正统产业组织理论 SCP 体系中，企业行为更是联结市场结构与市场绩效的中介。同半个世纪前产业组织理论的诞生是起因于垄断改变了企业行为的方式相似，我国企业行为研究的兴起，很大程度上是经济体制的变革带来了企业行为的变异。

中国企业行为研究是在经济体制改革浪潮中兴起的。人们把视角投向企业行为是因为企业行为的变异现象揭示了中国经济改革的进步，同时又显示了经济改革的不足。因为投资和消费的双重膨胀昭示了这样一个问题：经过数年的扩权让利的改革后，与传统体制相比，企业行为发生了重要变异，企业不再是行政机构的附属物，它的行为也不再是简单和被动地执行计划指令，而是在既定的权力空间和约束条件下最大限度地满足企业自己的目标。结果，企业行为的主动性和独立性增强（这是由市场配置资源的重要条件）的同时，也出现企业行为的短期化，主要表现为：分配上工资侵蚀利润；生产上风险创新微弱，忽视长期发展。所以，企业行为的研究实质上就是关于经济体制改革对企业行为类型之影响的研究。指出企业行为的良性变化，意味着肯定中国经济体制的良性变化；而提出企业行为短期化，则是表明我国的经济体制改革尚有若干缺陷。正是从这层意义上说，我国企业行为的研究亦即中国企业体制改革和产权改革的研究。所以，这一研究不是纯理论的，而是带有很强的政策指向和改革参与意识。研究的目的主要是希望通过对企业不良行为的分析，深化我国的经济体制改革，而不是对包纳企业行为理论在内的产业组织理论自身的完善。这一特点既是中国企业行为研究的长处，也是它的短处。强烈的改革参与意识使企业行为的研究直接为改革实践服务。但也正是这种强烈的参与改革意识妨碍了理论本身的建设。而理论建设的不足势必反过来影响政策建议的水平。

在理论准备不足的情况下，这一具有强烈的参与意识的企业行为研究所能运用的研究方法就只能是直观感受和直接比较了。如上所述，企业行为之所以引发经济学界的兴趣，首先是因为我们感到我国需求膨胀的机制发生了变化。传统体制下，由于国家直接控制工资，所以根本不存在消费需求膨胀之事。存在的只是因为预算软约束和投资利益与风险的不对称而产生的投资扩张。而以扩权让利为基本思路的经济体制改革却启动了投资与消费双重膨胀的枢纽。对比市场经济国家，在那里厂商也具有完善的资源配置权力，但为什么不存在消费基金的膨胀，不存在工资对利润的侵蚀呢？比较的结论是市场经济中厂商内部存在着工资和利润的制衡机制，存在着制约工资膨胀的产权代表。所以，我国完善企业行为的逻辑结论也只能是推进产权改革，用当时流行的术语，就是再造企业行为合理化的微观基础，改变国有资产所有权虚置的弊端。应该说，这种直观感受、直接比较方法使我们一下子就把握住了企业行为不合理的深层问题。但也要看到，直观感受和直接比较方法以及政策的单一产权指向也表明了中国企业行为研究的不成熟。这意味着我国的企业行为研究基本上还停留在规范研究阶段，既没有普遍和大量的个例研究（这是国外产业组织理论在 20 世纪 50 年代主要的研究方法），更没有进一步的计量研究（这是现代产业组织理论在 20 世纪 60 年代后主要的研究方法）。正是由于研究方法单一、落后，我们只能靠逻辑推理和直观感受去获取知识和取得结论。所以，我们既不知道我国主要行业的集中程度、进入壁垒，不知道主要企业类型的行为指向和创新程度，更不知道市场结构、企业行为和运作绩效三者相互之

结构与行为：中国产业组织研究（校订本）

间的数量关系。这些基本的数据是科学的产业组织研究的基础。没有这些数据的支持，在政策争论最为激烈的这一领域要想得到科学的结论是很困难的。

除过于强烈的参与意识和研究方法简单外，我国企业行为研究的另一个缺陷或局限是研究范围相对狭窄。在国际上，以企业行为研究为核心内容的产业组织理论几乎涉及了作为微观经济学之应用的所有领域。从市场结构到企业行为，再到作为企业行为结果的运作效率；从企业内部组织到企业外部竞争规则，再到管理竞争的公共政策。而在我国，企业行为研究的领域则狭窄得多。我国研究企业行为的学者，大多数（包括笔者本人）是沿着产权结构（企业内部所有者、经营者、劳动者利益权力结构）—企业行为—产权改革这样一个框架（采用这样一个框架是我们的研究方法、研究动机的必然结果）来展开研究的。包括作为描述社会主义传统公有制经济行为的经典著作——科尔内教授的《短缺经济学》，基本上也不能摆脱这样一个研究框架。这一框架虽使我们一下子把握住了矫正企业行为、进而推进企业体制改革的关键，但在某种意义上，正由于我们使用了这样一个框架，把过多的精力放在企业行为合理化的产权基础的再造上，从而也妨碍了企业行为研究领域的扩展。实际上不仅影响企业行为的因素是各种各样的，有产权结构，也有市场结构；有企业的组织形式，还有企业的行为目标约束条件和国家的政策。总之，这是一个完整的系统，某一子系统的"进入"过多，势必影响理论整体的构建，不管这一子系统是多么的重要。

与企业行为研究相比，我国对市场结构的研究可能更加薄弱。就前者而言，尽管它存在着上述一些缺陷，但这毕竟是成长过程中的局限。从 20 世纪 80 年代中期起，经过了几年时间它就已成为一个具有鲜明个性的重要研究领域，吸引了一大批经济学工作者对其开垦和耕耘。而市场结构的研究则冷清得多。一方面，译介现代产业组织理论的书籍寥若晨星[1]，更没能反映其最新进展；另一方面，对我国市场结构实证研究的学者更是形单影只。[2] 起步已慢，加之进入这一领域的人力过少，结果是对我国市场结构的基本状况所知甚少，更谈不上市场结构对企业行为的影响了。当然，这一状况的出现是有其深刻的体制背景的。在高度集中的传统体制下，企业行为是计划决定的，是外生于市场结构的事物。十年体制改革所形成的"双重"体制期间，一方面，大型企业仍受到较多的计划干预；另一方面，企业内部的产权安排和形成的权力—利益结构在影响企业行为上，远比市场结构这些外部因素强有力得多。在这种状况下，研究市场结构的"需求"和吸引力自然就比企业行为领域小得多了。

党的十四大正式确认了我国经济体制改革的目标是建立社会主义市场经济体制。市场经济愈发展，影响企业行为的"超经济干预"就愈少，企业行为就愈是其内部结构和外部市场结构的函数。为了调控和组织好这些影响企业行为的"经济"力量或"自然"力量，以优化企业行为和提高市场绩效，就必须进一步加强和深化作为产业组织理论两大基本内容的企业行为和市场结构的实证研究，并在此基础上提高我国产业组织理论的研究水平。要实现这一目标，笔者认为，我国的产业组织理论要在以下几个方面有所加强：

1. 要掌握现代产业组织理论的最新进展。产业组织理论作为一门应用经济学，在很大程度上是人类为了更好地管理工业和商业活动，实现资源优化配置的理论探索，是现代经济理论体系中能为我所用的精华部分之一。特别是产业经济学中关于市场结构、企业行为与经济效益的一些已经得到证明的结论，对于我国调整企业组织结构、规范企业行为、提高大企业效益，都有重要的参考价值。另外，作为现代产业组织理论应用的竞争政策和竞争法规（美国称为公共政策）对于我们制定保护竞争、促进竞争

结构与行为：中国产业组织研究（校订本）

的政策也值得借鉴。西方市场经济的运作之所以高效和有序，很大程度上是因为有一套科学的和严肃的法规在规范着企业的行为。而这些行为规范，都是建立在产业组织理论基础之上的。遗憾的是这些年来我国的企业行为研究与国外现代产业组织理论基本上是隔绝的。它的产生和成长是起因于体制转换过程所带来的企业行为的不良变异，而不是现代产业组织理论在国内的应用。结果，我国企业行为的研究虽有强烈的历史责任感和敏锐的直感；但理论基础薄弱，对产业组织理论的认识尚停留在 20 世纪 70 年代正统产业组织学阶段，基本上不了解现代产业组织理论在 80 年代的最新进展，对于一些现代产业组织理论早已证实了的政策结论我们却仍在争论不休。这种与现代产业组织理论的隔绝状态严重地影响了我国企业行为研究与国外的沟通。所以，无论是从完善我国企业行为分析的角度，还是从促进我国市场结构、企业行为合理化的角度，将近年来出现的新产业组织理论尽快地介绍给我国的读者并根据国情给予适当的评判是当务之急。

2. 集中力量、扎扎实实做好产业组织研究的基础工作。产业组织理论就其本质看是一门实证科学，所以基本数据的收集、整理分析是这门学科的"基础设施"。我国这几年企业行为研究的落后，在很大程度上就是"基础设施"的落后：（1）不掌握或基本不掌握主要行业市场结构的基本状况；（2）不清楚或者基本不清楚我国企业行为方式的分类和分布；（3）市场结构、企业行为与经济运作效果之间的关系也无可靠和扎实的验证工作。目前，国务院发展研究中心《管理世界》杂志和国家统计局工交司对我国主要工业行业的前 50 名进行排序，这就为我们研究主要工业行业的集中度提供了良好条件。

笔者认为，近一个时期我国产业组织和企业行为研究的重心应从过去的规范性研究转向这门学科的"基础设施"，即从具体的行业、具体的企业（案例研究）做起，从资料的收集、整理分析做起，以便为这门科学在我国的发展打下基础。这方面的工作包括以下几个方面：（1）主要行业有关集中程度、领先企业的关系，进入壁垒资料的收集加工和分析。（2）主要类型的企业行为的分析，包括不同类型企业的内部组织结构、权益结构、行为目标、行为方式等问题的实证研究。研究方法基本上是大量的案例分析和问卷调查。（3）市场结构、企业行为和经济运作状况之间逻辑关系的统计分析。例如，统计分析我国不同所有制类型的企业在行为目标、利润率水平、创新程度上是否有差别，差别何在等。

3. 以产业组织理论为基础的竞争法规的研究。与其他规范不同，关于促进竞争，保护竞争的法规（主要是公平竞争法、反垄断法）是以产业组织分析为直接理论基础的。法律上是否禁止某种企业行为（如横向合并），完全是以这种行为是否会促进竞争提高资源配置效益为基础的。目前，我国的市场趋向改革取得了很大成绩，商品市场已基本形成。所以，迫切需要制定《公平竞争法》《反垄断法》来规范企业的行为。但是，制定这两部法律有一个理论前提，就是要在经济上弄清这两部法律所要调节的行为对资源配置的效应是什么。如果说现代产业组织理论和一些方法可供我们直接借鉴的话，那么一些具体的竞争法规可能不一定适用于我国。例如，横向合并在美国几乎是绝对禁止的。但在我国，由于企业组织结构和规模结构不合理，适当的横向合并是可能有利于提高我国资源的配置效益的。所以我国的竞争法规就需要符合我国企业组织结构和规模结构的"国情"。而这种具体的"国情"是什么，就需要由我国企业行为和产业组织理论予以解答。

正是出于这一考虑，笔者于1989年向国家自然科学基金青年基金申请了"市场结构与企业行为"研究课题。考虑到我国市场结构的形成和企业行为的调节都与政府或国家的干预关系密切，笔者与课题组的同事们商定了一个市场结构—企业行为—国家干预的研究框架。在市场结构—企业行为部分重点研究我国主要行业的市场结构、企业行为，以及主要行业中企业内外部结构对企业行为的影响。在企业行为—国家干预这一部分，重点研究如何完善国家的产业组织政策和市场竞争政策。第二部分的工作已于 1990 年基本完成，成果是《市场组织与政府干预》专著（海洋出版社 1990 年版）。现在奉献在读者面前的是第一部分的内容，它主要包括以下三个方面：一是介绍和评介现代产业组织理论的进展和主要研究内容。目的是帮助读者把握现代产业组织理论的基本内容和最新进展，并为我们后面的分析提供一个借鉴和比较的理论框架（第 2 章）；二是对我国市场结构和企业行为的实证分析，它属于产业组织理论的"基础设施"的建造，包括第 3、第 4、第 5、第 6、第 7 章，共五章；三是研究我国工业和流通产业中企业内部结构、外部结构和这些结构因素对该行业企业行为的影响，包括第 8、第 9、第 10、第 11 章，共四章。

需要说明的是，笔者不准备在这里向读者提供一个逻辑严谨的产业经济学，这不是本书的目的，也超出了笔者的功力。如果读者通过本书能够对我国市场结构和企业行为有一个比较详细和实际的了解，并能为经济学界同人提供一个更深入研究的阶梯，笔者及课题组的同事们，苦苦笔耕三余载的意愿就算达到了。

［注释］

[1] 最早介绍西方产业组织理论的是易梦虹教授翻译的美国著名产业经济学家谢佩德的《市场势力及福利经济学导论》（商务印书馆 1980 年版）。不过该书不是专门的产业经济学著作。比较专门介绍西方产业组织理论的是杨治编著的《产业经济学导论》（中国人民大学出版社

1985 年版）。最近，上海三联书店出版了 K.W. 克拉克森、罗杰·勒鲁瓦著的《产业组织：理论证据与公共政策》。

[2] 陈小洪同志是我国较早和较系统地研究产业组织的学者。他的主要著作（合著）是《企业市场关系分析——产业组织理论及其应用》（科技文献出版社 1990 年版）和他与别人合写的《我国产业组织和产业组织政策的初步研究》（《管理世界》1989 年第 5 期）。

结构与行为：中国产业组织研究（校订本）

2章　现代产业组织理论的进展及主要内容

产业组织理论，如果说从 20 世纪 30 年代初张伯伦和琼·罗宾逊夫人分别发表《垄断竞争理论》和《不完全竞争理论》算起，已有了半个多世纪的历史。它不仅建立和完善了 SCP 分析框架，也运用案例分析和计量分析手段对若干逻辑结论进行了验证，使这门应用经济科学逐渐成熟起来，并对竞争政策和组织政策的制订起了重大的指导作用。本章拟对西方现代产业组织理论的进展及争论和研究的主要问题做一番考察，以为我国产业组织的研究创造一个理论背景。

§2.1　国外现代产业组织理论的演变和特点

所谓产业组织（Industrial Organization）理论（英国则称为产业经济学，Industrial Economics），比较普遍接受的定义是运用微观经济理论来分析企业、市场和行业相互关系的一门学科。产业组织理论作为一门独立的学科的出现是与新古典主义在解释垄断问题上的失效分不开的。新古典学派同古典学派一样，认为市场这只看不见的手会使厂商的产量维持在平均成本曲线的最低点，从而实现资源的最佳配置和社会福利的最大化。但是，从 20 世纪初起，企业规模不断扩大，生产集中程度不断提高。特别是 20 世纪 20 年代美国股票市场的繁荣促进了美国企业的第二次兼并浪潮，许多行业转变为垄断行业。垄断力量阻碍了资源配置优化过程的实现，从而使得以完全竞争的市场为基本前提的新古典学派在微观领域的生产和价格决定问题上失效。为了解决正统微观经济理论与现实经济生活的冲突，美国哈佛大学教授张伯伦（E.H.Chamberlin）和英国剑桥大学教授琼·罗宾逊（J.Robinson）于1933年分别提出内容基本相同的垄断竞争理论，用来解释市场结构的变化如何导致企业（厂商）行为的变化，进而影响到整个经济的运作效率（价格水平上升、产出不够、社会消费者剩余减少和创新动机微弱）。所以，张伯伦教授和罗宾逊夫人实为现代正统产业组织理论的鼻祖。（1）他们修正发展了新古典主义的微观经济理论，从而为产业组织理论的产生奠定了理论基础；（2）他们的理论已经包含着后来的正统产业组织理论的研究框架，即市场结构（Market structure）—企业行为（Enterprjse Conduct）—运行绩效（Pdrformance）模型（简称"SCP方法"）。（3）显示了经济理论研究从规范到实证的转变。正是在张伯伦等人的理论创新与方法转变的带动下，哈佛大学经济学教授麦森（E.S.Mason）从1938年起领导了一个包括贝因（J.S.Bain）、凯尔森（C.Kaysen）、麦克尔（J.W.McKie）、麦克海姆（J.Markham）和艾得曼（M.Addman）在内的研究产业组织的小组。该组织以哈佛大学为基础，以深入的个例研究为手段，分析主要行业的市场结构，1939年出版了关于第一批主要行业在1935年的集中程度的资料。这为以后的计量分析奠定了基础。随着麦森小组（特别是麦森的学生贝因的努力）研究重心向行业的转移，他们愈来愈重视市场结构对企业行为和运行效果的影响。这样从30—50年代，以哈佛大学为主要基地，以麦森、贝因为主要代表的正统产业组织理论（SCP分析）就正式形成了。

　　另外，我们不能不提到制度学派的重要代表贝利（A.A.Berle）

和米恩斯（G.C.Means）的贡献。美国的制度学派从凡勃伦起就注重企业内部制度的变革。股票市场的兴起和大企业的增加，使贝利和米恩斯注意到了这种以股份制为基础的现代大公司的行为变异。这些大公司日益成为不受市场约束的力量。1932年，他们二人合作出版了《现代公司与私有财产》一书。该书对于认清新古典学派的缺陷和理论方法的转变起了很大作用。

正统产业组织理论的基本特征是SCP分析框架。S指市场结构，包括企业所在行业的集中程度，生产差别、进入壁垒。C指企业行为，包括企业目标、战略和企业的各种竞争行为（创新、合并、广告等）。P指企业运作的绩效，包括经济效益、盈利率、技术进步和增长率。在SCP分析框架中，正统产业组织理论的基本逻辑结论是市场结构决定企业行为，从而市场结构经过企业行为这一环节决定了经济运行的绩效，以这一分析框架为基础的产业组织政策则指向对市场结构的控制，即反对任何导向垄断或企图导向垄断的市场结构的行为。

20世纪50—70年代，美国产业组织研究的基本脉络是运用个例研究和计量分析来验证S—C—P之间的逻辑关系。1940—1960年，出现了一系列关于具体行业市场结构的研究。50年代的研究重点则是统计比较各行业市场结构的差异，其中贝因对主要行业进入壁垒的比较研究是这一期间产业组织理论的较大进展。随着微型计算机的应用，60—70年代关于市场结构与企业的盈利率、成本水平、创新程度的计量研究以及S—C—P之间逻辑关系的验证有了很大的发展。

正统的产业组织理论在此期间虽然有了很大的发展，并对政府的竞争政策和组织政策影响很大，但必须看到，这种正统产业组织理论无论从理论基础还是研究方式上还存在很多缺陷。主要表现为：（1）其微观理论基础仍是新古典主义。它假定所有的企业都是以利润最大化为行为目的，而不管它是垄断企业还是完全竞争企业，也不管它是经理控制的企业还是股东控制的企业。这种单一的目标假定，忽视了因企业类型的差异带来的企业目标，进而导致企业行为的差异。从而把企业目标差异带来的多样化的企业行为均视为仅受市场结构（主要是集中度）决定的相对单一的企业行为。另外，与利润最大化假定相联系，正统的产业组织理论假定生产者和消费者都是完善的，能获得完全的信息，从而能够实现完全均衡。正是缺乏交易费用概念，正统产业组织理论也就不能正确认识现代大公司在资源配置中的作用。

（2）其理论方法是静态的和单向的。由于正统产业组织理论认为，现实社会中企业的定价、生产行为之所以发生了不同于自由竞争条件下的变化，只是市场结构发生了变化，亦即有些企业能够控制市场、控制价格。所以他们采取了市场结构决定企业行为进而决定组织运作状况的单向研究框架（S → C → P）。在这种严格的形式中，企业行为是内生的，是市场结构的结果，而看不到市场结构也受企业行为的影响，看不到本期的市场结构（St）乃是上期企业行为（C_{t-1}）的结果。对市场结构的过分强调，使得正统的产业组织理论无法将决定企业行为的其他因素（如企业内部产权结构、交易费用和信息成本的存在）纳入分析框架，限制了产业组织理论的发展。

正是传统的产业组织理论存在着这两大缺陷，从20世纪60年代末起，一些经济学家在不放弃SCP分析框架的前提下，对正统的产业组织理论进行了修正和补充，并在80年代发展成了新产业组织理论。新产业组织理论与正统产业组织理论相比有这样几个特点：

1. 分析框架不再是单向和静态的。由于认识到 S → C → P 这种单向和静态的研究方法限制了产业组织理论的研究，一些学者开始强调企业行为对市场结构的反作用和市场运行状况对企业行为进而对市场结构的影响。鲍莫尔（Baumol）通过"可竞争市场"这一概念的引入，摆脱了市场结构与企业行为那种单一的和既定的逻辑关系。因为在可竞争市场中，由于潜在进入厂商的威胁，迫使已存在厂商去降低成本，增加创新，扩大规模，从而既改变了市场结构，又影响了经济运行结果。德姆塞茨（Demsetz）认为较高的利润是组织规模经济的报酬。任何成本最低的企业的规模自然也就迅速扩大，从而在运行绩效与市场结构之间又架起了一座桥梁。

2. 从产业组织研究中的结构主义转向厂商主义，即从最重视市场结构转向最重视企业行为的分析。索耶尔（M.C.Sawyer）1985年修订出版的《产业和厂商经济学》一书第一次把厂商纳入产业组织理论著作的标题中，并以厂商行为为中心展开了分析。他认为，厂商是基本的实在的经济单位，而行业是不确定的和虚的。市场结构不过是企业之间的竞争关系罢了。需要指出的是，产业组织理论研究重心向厂商行为的倾斜，不仅与制度学派的影响有关，也与产权理论（科斯）、公共选择理论（布坎南）和交易费用理论（阿罗）等微观经济学的最新进展有关。

3. 产业组织研究引入博弈论，使企业行为的分析更为丰富。自冯·诺依曼（Von Neumann）和摩根斯特恩（Morgenstern）于1944年出版《博弈论与经济行为》后，博弈论这一应用数学便被引入产业组织理论之中，但只是到了60年代末，这一应用才成熟起来。在经济理论中引入博弈论，意味着那种靠市场实现的瓦尔拉斯一般均衡便遇到极大挑战。现在，有相应权限或能力的经济人可以通过组织安排而不是市场来解决问题，与产业组织理论更为直接的结论是，企业行为不再只取决于市场结构这种客观事实，而且还取决于该企业对自己的行为可能引致的其他企业反应行为的预期。这样，企业行为的决定不再只是一种客观的经济决定，而与当事人的心理预期紧紧地联系在一起。

4. 在理论基础上吸取了现代微观经济学的新进展，修正了传统的新古典假定。70 年代后期出现的一些著名的研究产业组织理论的学者在很大程度上同时就是现代微观经济理论的创新者，如属于新制度学派和产权组织理论的威廉姆森和德姆塞茨，属于公共选择学派的托洛克（Tullock）和洛瑞特（N.Laureate），以及交易费用学派的凯依（Kay）。

要把握国外现代产业组织理论的全貌，就不能不谈到作为非主流产业组织理论的芝加哥学派、新制度学派和新奥地利学派。

芝加哥学派。芝加哥学派是美国乃至西方经济理论中的一个重要学派，它以维护竞争、反对政府干预为主要特色。产业组织理论中的芝加哥学派也保持了这种传统。与主流产业组织理论相比（包括正统产业组织理论和新产业组织理论），它有这样几个特点：（1）在理论基础上更加信守新古典理论，认为标准的竞争理论仍是有效的。他们用传统的价格理论来分析和批评主流产业组织理论提出的不符合新古典主义的假定和结论。（2）对政府的产业组织政策持保留态度。他们认为除非政府实行干预，现实生活中的垄断是微弱的，是一种过渡现象。由此出发，他们反对政府激进的反托拉斯政策。该学派的代表人物是斯蒂格勒、艾得尔曼和哈伯格。

新制度学派。新制度学派对产业组织理论的兴起所做的贡献并不亚于主流学派。贝利和米恩斯的研究在某种意义上是以企业行为为重心的产业组织理论的鼻祖。新制度学派的最大特色是从企业（公司）内部产权结构和组织结构的变化来分析企业行为的变异以及对经济运行效果的影响。从贝利和米恩斯的所有权分离论到加尔布雷恩的抗衡力量论，这种特色一脉相承。

新奥地利学派。新奥地利学派无论在理论基础还是在政策指向上都与主流产业组织理论有着很大差别。（1）他们的方法是动态的。他们认为竞争是一个过程，而不是像主流学派所认为的只是一种静态的市场结构。（2）他们认为当今的市场基本上是竞争性的。利润是这些大企业创新程度和规模经济的报酬。由此出发，他们反对政府严厉的反托拉斯政策。产业组织理论中的新奥地利学派直接承袭了门格尔（Menger）的观点，也吸取了米塞斯、熊彼特和哈耶克的一些观点。80年代，这一学派的代表人物是瑞克耶（Reckie）和理查德（Littlechild）。

§2.2　研究框架

产业组织理论（在英国称产业组织学），如果撇开理论基础的差异不论，仅从研究框架的角度看，主要分为结构主义和行为主义两大学派。[1]

1.结构主义学派，其研究框架有这样几个特点。（1）基本上遵守 SCP 框架，即首先分析市场结构（Structure）的状况，包括市场份额、集中程度、进入壁垒等，然后分析市场结构对企业行为（Conduct）的影响，包括企业的生产行为、定价行为、合并行为、广告行为等。再进而分析如上各类企业行为的经济绩效（Performance），如企业的创新强度、利润率水平和资源配置状况。（2）认为市场结构是决定企业行为，进而决定经济运作效益的主导因素，即有什么样的市场结构就有什么样的企业行为和经济运作效益，行业间的市场结构不同、行业间的企业行为（如产量规模、价格水平、竞争方式、创新强度）就不同。结构主义的代表，在50年代前后是 J.S. 贝因 [2]，现在是 W.G. 谢佩德。[3]

结构主义学派对于创建产业组织理论做出了很大贡献，并以其 SCP 分析框架成为产业组织理论的正统学派。但结构主义（主要是古典结构主义）学派的研究框架也存在着缺陷。（1）过于执着 SCP 框架，忽视企业行为（C）对市场结构（S）以及运作绩效（P）通过企业行为（C）对市场结构的影响；

（2）忽视企业行为差异性的研究，只把企业行为看作内生于市场结构的东西，看不到即便是在同样的市场结构下，同一类型的企业也会因行为目标、公司偏好、经理素质等方面的差异，而在行为上表现出若干差异性；（3）在理论上是静态的，没有充分意识到本期市场结构的状况（S_t）不过是以前企业诸种行为（C_{t-1}）的结果。

鉴于古典结构主义学派的上述缺陷，后期的结构主义（或称新产业组织理论）在坚持 SCP 分析框架的基础上，将突出市场结构作用的单向的 S → C → P 分析框架拓展为双向分析框架 SóCóP，即不仅考虑市场结构对企业行为的影响，也考虑企业行为对市场结构的影响，以及运作绩效通过厂商对市场结构的影响。[4]

2.行为主义学派，其研究思路和研究框架的特点是：（1）企业行为是企业决策者基于自己的组织结构和经营目标而作出决策和实施决策的结果，与企业所处市场的结构状况并无太大关系。（2）出于这种对企业行为内生于企业内部结构和决策人员自主预期的认识，行为主义的分析框架是以企业（Firm）为重心的。与结构主义重在分析市场份额、集中程度、进入壁垒对企业行为的影响不同，行为主义重在分析企业的内部产权结构、组织形式、经营目标和合理预期对企业行为的影响。这样，有些行为主义的产业组织理论包含了若干公司或厂商内部的管理、组织理论。在某种意义上，几乎大部分非正统的产业组织理论都可归入行为主义学派，如制度学派和芝加哥学派。

新制度学派对产业组织理论的研究始于贝利（A.Berle）和米恩斯（G.C.Means）。他们针对 20 世纪初现代股份公司的迅速发展，研究了股份公司制度所引致的企业内部产权制度的改变（所有权与经营权分离）对企业行为的影响。[5] 这一传统一直持续到新制度学派的主要代表加尔布雷斯关于公司内部技术——经理阶层这一新制衡力量对企业行为有重大影响的观点。

产业组织理论中的芝加哥学派认为，企业行为主要是企业决策者预期的函数。从长期来看，市场结构如同政府政策一样对企业行为的影响并不太大。这一学派的主要代表人物是芝加哥大学经济学教授 G.J. 斯蒂格勒。[6]

§2.3 企业、企业目标与行为差异

企业或厂商是产业组织理论研究的基本单位。对企业的定义远不是一致的。一种比较普遍接受的观点认为，所谓企业是指为了实现自己特定的利益而进行决策的组织形式。企业定义的复杂化是与企业产权结构的演变以及由此决定的利益目标的变化分不开的。

对于自由资本主义时期的业主企业和合伙企业而言，这里的产权关系是简单的，经营目标也是确定的，即利润的最大化。然而随着与19世纪产业革命同等重要的组织革命的进展，现代股份公司成为一种主导的组织形式。在这里，单一的所有者变为分散的多元所有者，所有权与经营权合一变为所有权与经营权分离。经营主体由所有者变为专业化经理。正是产权结构的重大变化引起了企业目标的变化。而企业目标的变化又引致企业行为和绩效发生变异，进而影响资源的配置和经济成长。正是基于这些方面的变化，一些学者把研究视角转向了这一领域，特别是所有者主导型（O-M）企业与经理主导型（M-M）企业在企业目标和企业行为上的差异。

首先提出股份公司的经营目标发生重大变异的是贝利和米恩斯。他们在《现代公司和私有财产》一书中指出，由于所有权和管理权的分离，分散的股东与企业的日常管理无关，而企业的管理阶层又与所有权利益相关极少，于是受经理阶层控制的企业目

标不可能再是利润最大化。接下来，玻海姆（Burnham，1941）和麦森（Mason，1959）也相继提出了"经理革命"对企业目标的影响。第一个明确提出 M-M 公司行为目标差异理论的是鲍莫尔[7]（Baumol，l959），然后是莫里斯[8]（Marris，1964）。

鲍莫尔接受了大公司都被经理阶层有效控制的理论，认为大公司的基本目标是最低利润约束下（这一约束是股东加于的）销售收入最大化。他的企业行为目标差异理论总结为图 2-1 所示。

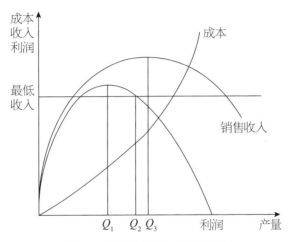

图 2-1　不同企业行为目标的差异

其中，Q_1 是所有者主导企业的行为目标，在这里，利润处于最大值。Q_3 是经理完全主导企业的行为目标，在这里销售收入最大化，但利润水平低于吸引股票所有者的最近利润，所以受到一定制约的经理主导型企业行为目标是 Q_2，即满足利润约束条件下的销售收入最大化，这是因为经理的收入水平与公司的销售额的相关程度远远高于与利润的相关程度。不过鲍莫尔的这一理论尚是静态的。莫里斯将这一理论动态化，即引入增长过程。

莫里斯认为，经理阶层倾向于在避免被其他公司接管的条件下实现销售收入的最大化。接管的危险来自股票价格的过度

下跌。公司股票的市场价格据说是决定于贴现过的预期未来红利，即

$$V = \sum (1-r)\pi_t^e / (1+i)^t$$

其中，V 为股票价格；r 为公司所得到的利润份额，它假定为稳定的；π_t^e 为 t 时的预期红利水平；i 为贴现率。

当有一个稳定的增长率 g 时，利润与资本存量（k）同步增长，利润率稳定在 a 水平，所以

$$\pi_t^e = akx, \quad \pi_t^e = \pi_0(1+g)^t$$

由于增长是由公司留用的利润支持的，故 $r\pi t = gk$，并且，$r \cdot a = g$，将上述变量进行替代，得到

$$V = (1-r) \cdot ak \sum_{t=0}^{\infty} (1+g)^t / (1+i)^t$$
$$= (a-g)(1+i)k / (i-g)$$

定义 v 为股票市场价格与账面价格的比值，那么，

$$v = V / k = (a-g)(1+i) / (i-g)。$$

由于利润率（a）随着增长率（g）的加速而开始下降早于 v，于是 v 与 a 的增长轨迹出现差异（见图 2-2）。O-M 公司倾向于把增长率维持在 B 附近，而 M-M 公司则倾向于把增长率维持在 A。

在鲍莫尔、莫里斯提出 M-M 型企业的行为目标是最低利润约束下的销售收入最大化以后，一些学者又提出了管理效用最大化理论（Managerial Utility Maxsimizing），即 M-M 型企业的行为目标是追求经理阶层效用的最大化，这里的效用，既有经济上的，也有精神上和社会上的。[9]

上述关于企业两种类型的划分以及相应的行为目标的差异，是在理论层次上展开的。现实生活中这种企业分类是否存在，关于其行为目标的理论模型是否符合实际，都需要相应的检验。

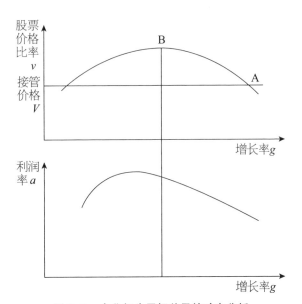

图 2-2　企业行为目标差异的动态分析

关于所有权与经营权分离程度的检验。

贝利与米恩斯确定的所有者控制的企业标准是：仅当一小部分股东掌握了绝大部分企业的股票时，这个企业为所有者控制的企业（O-M）。所以，当一个家庭或一小部分人控制了一个企业至少一半的企业股票并有效地控制着企业的决策时，这个企业是典型的 O-M 型企业。然而在这种典型的 O-M 与 M-M 之间还存在着一些非常态的 O-M 形式。他们确定，只有当一个家庭或一个组伙所控制的股票份额低于 20% 时，这一企业就是非 O-M 企业。依据这一标准，贝利和米恩斯发现，1929 年 200 家最大的美国公司中，88 家是 M-M 型，68 家是 O-M 型（包括少数控制、多数控制和私人企业），41 家是借助立法手段实施所有者控制的企业，其余 3 家不明。

腊纳将是否控有 10% 的股票作为区分是否是 O-M 企业的标准。他发现，1963 年在美国 200 家非金融公司中，有 169 家是

M-M 公司，其余是 O-M 型公司，这似乎验证了贝利和米恩斯在 20 世纪 30 年代的预测：M-M 型公司在大企业中的比重仍将增加。[10]

弗洛伦斯（Florence）考察了 1936 年和 1951 年英国公司的分类情况。他使用的确定 O-M 企业的标准是：（1）最大的股东拥有至少 20% 的投票权；（2）最大的 20 家股东至少拥有 30% 的投票权；（3）或满足标准 1，或满足标准 2，然而所考察的股东必须是亲戚或有特殊关系；（4）董事们要拥有至少 5% 的普通股。根据上述标准，弗洛伦斯认为，在英国 98 家大公司中，有 30 家可算是 O-M 企业，在 268 家较小公司中，89 家是 O-M 企业。[11]

自从贝利和米恩斯的《现代公司和私有财产》出版以来，经理革命和现代大公司中所有权与管理权分离的观点被普遍接受。然而进入 20 世纪 70 年代，经理控制企业的提法受到了一部分学者的挑战。论战集中在贝利、米恩斯和腊纳所使用的概念是否正确和判定企业类型的标准是否可行上。

如波克（Burch）和塞特林（Zeitlin）指出，贝利和米恩斯的样本中，最多只有 2/3 是可信的。在列为 M-M 类型的 88 家企业中，贝利和米恩斯对其中的 44 家没提供任何说明。一些后来的研究者，如兰德伯格（Lundberg，1937）和帕劳（Perlo，1957）就把贝利和米恩斯的一部分 M-M 企业列为 O-M 企业。塞特林还指出，如果考虑到后来的研究和把私人企业包纳进来，那么 O-M 企业的数量就比腊纳确定的多。[12]

同时，一些学者对贝利和米恩斯以及腊纳所使用的判定企业类型的标准也进行了修正。

凯渥利亚（Chevalier，1969）把至少控制 5% 的投票权作为 O-M 企业的标准。同时，把那些由董事会所代表的一部分人控制经营大权的企业也列入 O-M 类型。他的结论是，美国 1965 年

200 家最大的工业公司中，60 家由个人或家庭控制，31 家由银行或其他金融组织控制。20 家被其他组织控制，只有 80 家由经理控制。[13]

波克的标准比较复杂。他把企业划分为三类：第一类是大致属于家庭控制的企业（Probably Under Family Control），这类企业 1.5% 以上的投票权控制在一个或几个家庭或一些有影响的个人手中，家庭对企业有较长时期的代表权；第二类企业是"可能由家庭控制"的企业，这类企业有确定的家庭控制迹象，但又没有充分可用的资料对企业类型进行清楚的划分；第三类企业是大致由经理控制的企业，这类企业没有任何明显的家庭控制的迹象。波克的结论是，在 1963 年美国最大的 300 家工业公司中，属于第一类企业的为 45%，属于第二类的为 15%，属于第三类企业的为 40%。[14]

纳曼和西伯斯顿（Nyman and Silberston，1978）通过考察：（1）被明确的个人、机构和团体所持有的投票权比例；（2）董事和他们的家庭所持有的投票权比例；（3）董事会主席和总经理的合一程度，及他们与公司创始人和创始人家庭的关系，得出如下结论：在 1975 年英国最大的 276 家公司中，126 家为所有者控制，其中 77 家由家庭控制，另有 98 家控制类型不明。[15] 总之，这些后来的研究表明，O-M 类型的企业比重比贝利等人的研究高得多，从而贝利和米恩斯多少有些夸大"经理革命"对企业决策类型分类的影响。

特别需要指出的是，随着所有权与经营权分离过程的深化，由金融机构持有的股票和控制的企业份额不断增加。根据金（King）的计算，1957 年英国全部股票中由保险公司、养老基金、信托投资公司、银行和公共部门持有的股份为 27.9%，1975 年上升为 44.8%。在美国，由保险公司、养老基金、投资公司和非盈利机构持有的股票由 1952 年的 12.3% 上升到 1968 年的

17.2%。[16] 这些机构所控制股票份额的增加，使一些企业为金融机构所控制。纳曼和西伯斯顿估计，在他们选取的 224 个企业中有 9 个为金融机构控制。[17] 凯渥利亚认为，1965 年美国最大的 200 家制造业公司中，有 31 家是由银行和其他金融机构控制。考斯（Kotz）报道，1967 年美国 500 家最大的工业公司中，有 147 家被 49 家大银行的信托部控制了 5% 以上的普通股票。金融机构控制的公司的出现，使企业行为目标的证实更加复杂和不确定。

O-M 和 M-M 企业行为与结果的检验。

在鲍莫尔和莫里斯的理论模型中，O-M 企业和 M-M 企业的行为目标是截然不同，那么在实际生活中，O-M 企业和 M-M 企业在行为和结果上是否真有明显的差别，O-M 企业的利润率是否高于 M-M 企业，而后者的增长率又是否高于前者。为了回答这一问题，一些学者对 O-M 企业和 M-M 企业的利润率和增长率做了实证性的相关检验。在笔者所掌握的七个检验中，明确肯定的有两个，明确否定的也有两个，有条件肯定或半肯定的则有三个。

明确肯定的是鲍斯威尔和曼森。曼森（Monsen）于 1968 年从美国 1952—1963 年的观测资料中选取了 12 个工业部门，每个工业部门各选取三个 O-M 企业和三个 M-M 企业，对不同类型企业的利润率进行比较，发现 O-M 企业平均利润率是 12.8%，M-M 则为 7.3%。于是他们的结论是：不同的控制类型或产权类型对于企业行为和运作结果有重要的影响。[18] 鲍斯威尔于 1980 年研究了美国 1960—1967 年间不同类型企业的利润率，发现经过风险调整后的销售利润率，O-M 企业高于 M-M 企业。[19]

明确否定的是凯默斯肯、穆肯和卡尼亚。凯默斯肯 1968 年研究了 1959—1964 年间不同类型的企业的利润率和增长率后，得出的结论是：企业控制和产权类型的不同对企业的利润率并无重要的影响。[20] 穆肯和卡尼亚于 1978 年从四位数代码的工业行业中选取了 1800 个最大的美国公司，发现在行业内部不同类型企业之间并没有明显的利润率差别，虽然 O-M 企业的增长率、利润率平均起来稍高一些。[21]

有条件肯定和半肯定的有拉德司、鲍基科斯（Boudreaux）和豪·拉德司（Radice）。他们于 1971 年从英国食品、电力机器和纺织工业中选取了 89 个公司，对 1957—1967 年十年间企业类型与利润率、增长率的情况进行了回归，结果是 O-M 企业的利润率和增长率都高于 M-M 企业，分别是 16.8% 对 12.4% 和 12.4% 对 6.8%。[22] 鲍基科斯于 1973 年对曼森等人的样本进行了重新分析，他发现：第一，O-M 企业与 M-M 企业的利润差别并不像曼森等人计算的那样大，而只是 13.2% 对 10.5%；第二，企业产权类型对企业规模无重大影响。[23] 豪（Holl）于 1975 年选取了英国 183 个公司从 1948—1960 年的利润率和增长率指标，以 1951 年他们所属的企业类型为依据，作了企业类型与增长率和利润率的回归处理。他的结论是，对于没调整的样本而言，O-M 企业的利润率高于 M-M 企业，增长率则前者低于后者。然而，一旦消除规模和行业差异对利润率和增长率的差异，那么企业控制类型对企业绩效的影响就根本看不到了。[24]

总之，实际生活中，不仅 O-M 与 M-M 的分野不像理论模型那样清楚，它们的行为差异和绩效差异也不是非常确定的。上述的检验在结论上有如此大的差异，除去与研究者使用的方法、选取的样本和研究的时间不同外，也的确反映了企业行为本身的相对不确定性。而这种不确定性的原因，与谢佩德所说的那样，现代大公司的经理与所有权并非完全分离，他们本人就是公司股票的持有者。他们从投资所获得的收入三倍于他们从公司中领取的薪水。这样，所有权与经营或控制权在分散股东身上似乎又合在一起，使得经营者又具有了分散所有者的身份，他们的动机也就具有了所有者追求利润最大化的动机成分。这一解释究竟能否成立，关键是检验经理人员的收入中有多少是来自本公司的红利收入。

关于决定经理阶层收入之因素的检验和争论。在鲍莫尔、莫里斯等人关于经理动机的理论模型中隐含着这样一个重要的结论，即经理阶层的收入与企业销售额和规模的相关程度高于与企业利润的相关程度。因此，经理的动机是扩大销售和规模，而不是利润的增加。

检验鲍莫尔等人理论模型关于经理收入决定因素的方法大致有两个。一个是考察经理全部收入中的资本性收入（包括股票赠与和股本红利）所占比重的升降情况。莱怀伦（Llewellen）于1969年分析了1942—1963年50家美国公司中核心层经理收入构成的变动情况，发现包括薪水、奖金在内的薪金性收入，从50年代大约占全部税后收入的2/3下降到60年代初的1/2。这意味着经理阶层利润导向动机在增强。[25] 后来，他与杭茨曼合作，运用回归分析也得出了相同的结论，即利润率对于经理收入的影响远远大于销售额对经理收入的影响。例如，1963年的结果是：

$$\frac{EC}{K} = 155.3\frac{1}{K} - 15.6\frac{S}{K} + 677.5\frac{\pi}{K}, \ R^2 = 0.932$$

其中，EC 是以美元为单位的经理收入，K 是以百万美元为单位的资产，S 是销售额（百万美元），π 是利润额。[26]

第二种方法是分析在销售额、利润和各种形式的规模等影响经理收入的变量中，哪一个与经理收入的相关度最高。使用这一方法的有罗伯特（1959）、穆奎尔（1962）、耶罗（1972）、曼森（1971）、史密斯（1975）、米克斯和惠廷顿（1975）、科恩（1975）等人。他们检验结果也基本上分成三类，即肯定鲍莫尔理论模型、否定这一模型和有条件同意。

罗伯特1959年研究了1945年、1948年和1949年410家美国公司和1950年989家美国公司经理收入的资料，认为决定经理收入最为重要的因素是公司销售收入，利润率则没有任何重要的影响。[27]

穆奎尔等人于 1959 年研究了 1953—1959 年美国最大的 100 家公司中 45 家的收入资料，得出的结论是：经理收入与销售收入之间的相关程度高于与公司利润之间的相关程度。当不考虑利润的影响时，经理收入与销售收入的相关系数是 0.248；当不考虑销售收入的影响时，经理收入与利润的相关系数为 0.056 4，亦即前者的相关程度是后者的 4 倍多。[28]

西塞尔（Ciscel）于 1974 年研究了美国 250 家最大的工业公司中的 210 家 1969—1971 年的收入资料，认为经理阶层的收入（包括总经理和所有董事及管理人员的收入）与利润的相关度低于与销售额、资产和雇员人数等三个变量之间的相关度。[29]

否定鲍莫尔模型的，除了提到过的莱怀伦和杭茨曼外还有曼森。曼森于 1971 年分析了 39 个公司 1947—1966 年各管理人员的报酬变动与销售额、每股红利和红利率的关系，认为 39 家公司中股票报酬率对经理收入有非常重要的正向影响，而销售变动对经理收入的影响则是微不足道的。[30]

史密斯（1975）和科恩（Cosh）则分别得出了既不否定又不肯定鲍莫尔模型的结果。史密斯、鲍依斯和彼斯阿三人分析了 1972 年美国 500 家最大公司经理收入和利润及销售额的资料，得出的回归公式为：

$$EC = C + 1.0371\pi + 0.0251S$$

其中，C 为常数，EC、π 与 S 的含义同上文，EC 单位是美元，其他是千美元。

这一公式的含义是，利润与销售额都对经理的收入有重要影响。[31]

科思分析了 1967—1971 年一千多家英国公司经理阶层收入、利润率（a）和资产规模的资料，所得回归公式是：

$$\log EC = 7.426 + 0.6191D + (0.0045 - 0.0032D)a$$
$$+ (0.228 - 0.074D)\log K,$$
$$R^2 = 0.2920$$

其中，D 为模拟变量，当公司为引证公司（Quoted Firm）时，其值为 0；为不引证公司（Unquoted Firm）时其值为 1；EC 单位是英镑；K 是千英镑。

公式的含义是，规模和利润率都对经理收入有重要影响，影响程度则随行业和企业是否是引证企业而不同。[32]

§2.4 市场结构

市场结构是产业组织理论，特别是正统 SCP 分析最为重要的研究主题。产业组织理论能够作为一门独立的学科存在，主要归因于对市场结构的开创性研究。

所谓市场结构是指特定的市场中，企业间在数量、份额、规模上的关系，以及由此决定的竞争形式。市场结构主要包括以下三个要素：市场份额、市场集中程度和进入壁垒。前两个因素主要刻画特定市场中企业间相互关系，或特定市场的规模、数量分布特征；后一个要素主要刻画市场中企业与市场外潜在竞争企业的关系。

为了更深入分析市场结构，需要先把握市场在这里的含义。产业组织理论中的市场概念不同于一般经济学的市场概念。对后者而言，市场要么是指交易关系的综合，如商品市场、金融市场等；要么是指供需作用机制，如市场价格、市场调节等。前者则是指一组特定的企业的集合。"特定"一词的含义是指这些企业所生产的产品有较高的替代率。

尼德海姆对"市场"的定义是：所谓市场是指一组从事买卖或交易的买卖者，这些买卖者在同一个地域内销售效用可以替代的产品。[33]

谢佩德对"市场"的定义是：市场是一组买者和卖者对特定商品进行的交换与交易。这一特定商品与其他物品的交叉需求弹性很低。[34]

弗格森对"市场"的定义是：市场是一组企业的集合，这组企业生产的产品在买者看来有紧密的替代弹性。[35]

从以上三人的定义，我们可以看到，市场的概念的确定关键在于替代弹性的度量和确定。a 产品对 b 产品的替代弹性是指因 b 产品价格变动带来对 a 产品需求的增减，记为

$$ES_a = \frac{\Delta Da}{\Delta Pb}$$

市场概念虽然并不复杂，但在市场具体的划分中，特别是具体地确定一种市场的范围、确定某个企业是否归属于一个特定的市场并不是一件容易的事。特别需要指出，在反托拉斯法的实践中，市场范围的确定是非常重要的。因为这不仅直接影响到市场集中度的高低，进而影响到对一个行业垄断程度的判断，而且也对企业合并类型的判断有很大的影响。[36]

在市场结构中，市场份额和市场集中度是两个互相联系的要素。市场份额是指某企业销售额在同一市场全部销售额中所占比重。一般而言，某市场中，企业越多，单个企业所占比重越低。该市场的竞争程度越高。市场集中度是指某一特定市场中少数几个最大企业（通常是前四名）所占的销售份额。一般而言，集中度越高，市场支配势力越大，竞争程度越低。

衡量一个市场集中度的高低可以使用两种方法，一是绝对法，二是相对法。绝对法即直接计算前几位企业在市场中的份额。根据统计处理方法的不同，绝对法又包括 CR_n 指数、HHI 指数和 HKI 指数，以及 EI 指数。

CR_n 指数是直接计算前几位企业所占市场份额之和，记为

$$CR_n = \sum_{i=1}^{n} Si$$

其中，Si 为第 i 个企业的份额；n 为企业数目。

目前标准的 CR_n 是计算前四位企业市场份额的和。

HHI 指数即赫希曼—赫劳道尔指数，是他们二人于 1964 年提出的，记为

$$HHI = \sum_{i=1}^{n} Si^2$$

显然，$HHI < CR_n$。只有当该市场中只有一个独占垄断企业时，$HHI = CR_n$。

HKI 指数即海纳—凯指数。这一计算方法是他们在 1977 年提出来的，记为

$$HKI = (\sum_{i=1}^{n} Si^a) / \cdot (1-a)$$

其中，a 是一个调整因子，取值范围是 0.6～2.5。

EI 指数是因托比指数，记为

$$EI = \sum_{i=1}^{n} Si \cdot \log(1/Si)$$

这是因托比于 1977 年提出的。

衡量市场集中程度的相对方法有两种，一是洛伦茨曲线法和基尼系数，一是厂商规模的对数方差（Variance of the Logarithm of Frm Size）。

在图 2-3 中，以企业数目百分比（从企业规模最小的企业数目始，到全部企业止）为横轴，以某一数目的企业所占市场份额为纵轴，并将其交点联结起来，便形成 45°线下面的弧线，这条曲线就是反映企业集中程度的洛伦茨曲线。当洛伦茨曲线与 45°线重合时，意味着该市场是一个均齐的结构，即任何企业所占份

额都相等。当该市场只有一家独占企业时，洛伦茨曲线则与 *ODC* 线相交。基尼系数就是洛伦茨曲线所反映出来的特定市场中企业规模的差异值，等于阴影部分（ *A* ）除以阴影部分（ *A* ）与白影部分（ *B* ）之和，即 $GI = \dfrac{A}{A+B}$ 。

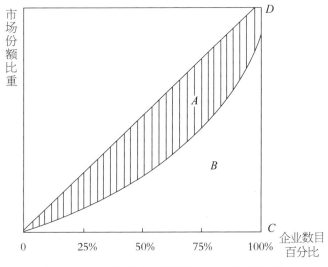

图 2-3 企业规模差异的洛伦茨曲线和基尼系数

厂商规模的对数方差（ *V* ）方法，最大的特点是假定公司规模愈均齐，竞争性愈强。

$$V = \frac{1}{N} \sum_{i=1}^{n} (\log Si)^2 - \frac{1}{N^2} (\sum_{i=1}^{n} \log Si)^2$$

相比较而言，绝对法主要反映特定市场中几家最大企业的集中程度，而没能顾及本市场参与企业的数目和本市场从整体上看的规模不均齐程度，而相对法则主要顾及了整个市场参与企业规模的差异，却没有顾及领先企业的集中程度。更简单地说，绝对法主要反映领先企业的集中度，而相对法主要反映该市场企业规模的差异度。由绝对法或相对法所表示的市场结构并不能完全反映该市场的竞争情况。因为一个行业的竞争程度取决于两个因素：厂商数量和厂商规模差异，特别是领先厂商的规模差异。上述两种方法六类指标均不能完全反映这两个要素。

据谢佩德计算，美国制造业四家最大的企业平均集中率为40%，经过技术调整，集中率上升到60%左右（见表2-1）。这意味着近乎垄断特别是寡头垄断部分较多。集中率15%以下的部门只有农业。

表2-1 美国制造业集中程度分布（%）

集中度 CR_4	所占比重调整前	所占比重调整后
90～100	6.7	11.7
80～89	1.5	6.4
70～79	4.7	9.9
60～69	8.5	21.8
50～59	8.3	13.5
40～49	14.5	15.9
30～39	12.5	12.8
20～29	18.8	4.4
10～19	18.5	2.5
0～9	6.0	1.1
80 及以上	8.2	18.1
60 及以上	21.4	49.8
50 及以上	29.7	63.4
0～29	43.3	8.0
加权平均	39.9	58.7

资料来源：转引自本章注释 [1]。

2 章　现代产业组织理论的进展及主要内容

影响市场集中程度的因素有：（1）规模经济水平。行业的规模经济水平愈高，大企业的效率愈高，其竞争能力愈高，其市场地位愈强，从而大企业所占市场份额也就愈高。（2）市场容量。一般而言，市场愈大，企业的扩张余地愈大，企业愈易进入，从而大企业所占份额也就可能愈小。反之，市场愈小，竞争程度愈高，企业扩张的空间愈小，企业愈难进入，大企业所占份额相对也就高。（3）行业进入壁垒高度。行业进入壁垒高，意味着行业的保护程度高和市场的竞争程度低，从而行业内大企业的支配势力大，大企业所占份额也可能就高。（4）横向合并的自由度。一个行业、市场内部愈能自由地合并，大企业通过横向合并而扩张的能力愈强，大企业所占份额也就可能愈高。

正统的产业组织理论认为，市场集中程度作为市场结构的一个重要因素对企业行为和经济绩效有很大的影响。其影响方向是：市场集中度愈高，大企业支配市场的势力愈强，从而行业利润率愈高。对此，丹姆斯茨和尼德海姆曾有过实证研究。丹姆斯茨认为，在集中率为 10%～50% 的区间内，任何资产规模的报酬率（即资产利润率）不仅不随集中率增加而上升，反而会有所下降，只有集中率超过 50% 以后，行业间的报酬率与集中率的正相关才开始出现。这意味着集中率与利润率的正相关关系不是无条件的，而是要求集中率达到一定高度。[37] 尼德海姆的结论是集中度与利润率基本上存在着这样一种关系：

$$\frac{P-mc}{p} = \frac{1}{Ed} = \frac{Sf}{(Ed+Es)Sr}$$

其中，P 为价格；mc 为边际成本；Ed 是商品的价格需求弹性；Es 是竞争对手在价格上的反映；Sf 为某公司的市场份额；Sr 为竞争对手的市场份额。

该公式的含义是，厂商的利润率与自身份额成正比，与价格弹性和竞争对手的份额成反比。[38]

然而，一些非正统的产业经济学家，如鲍莫尔、丹姆斯茨，对正统产业组织理论关于市场集中与企业绩效关系的看法提出了批评。他们认为，是竞争压力产生了成本最低的企业规模分布（即市场集中结构）。也就是说是市场绩效或市场效率决定了市场结构，而不是像正统理论强调的那样是市场结构决定市场绩效，从而高度集中的市场结构并不一定导致低效的结果。他们还认为市场集中程度的变化，不过反映了竞争如何作用的过程，而不是反过来，市场集中度是市场竞争状况的标志。即便市场集中度未变，但领先企业的位置也可发生重大的变化，从而可能包含着激烈的竞争过程，而不是传统产业组织理论认定的那样，市场竞争程度因集中度未变而不变。[39]

市场结构的第三个要素是进入壁垒。所谓"进入"，是指一个企业开始生产某一特定市场上原有产品的充分替代品。进入壁垒则是指进入这一特定市场所遇到的经济、技术、法律障碍的总和。

相比较而言，作为进入壁垒研究之父贝因的定义，更多地是从经济角度展开的。他认为进入壁垒是指使潜在进入者处于与已存厂商相比不利竞争地位和使已存厂商能长期获取常态利润的因素。[40] 贝因的定义仅涉及了经济因素，斯蒂格勒（1968）的定义更窄。他认为，进入壁垒是那些企业进入一个市场的企业所负担，而这一市场中现存企业不负担的生产成本[41] 在斯蒂格勒看来，产品差别是已进入企业耗费资金建立起来的商誉，规模经济也是现存企业首先进入这一行业的报酬。这些都是第一个进入者的优势，而非进入壁垒。

笔者认为，进入壁垒是应该包括非经济因素在内的。

政策或法律壁垒是指国家对某些产品的生产只对少数特定的企业授予特许权，而不允许其他企业生产，例如核工业等。资源壁垒是指现存企业对特定资源的独占权，从而其他企业无法获得从事这一生产所必需的原料。技术壁垒是指现存企业对该行业生产关键技术的垄断，或者是获取关键技术各种障碍。经济壁垒是指进入这一特定的市场或行业的经济障碍和克服这些障碍而导致的成本的提高。经济壁垒包括消费者偏好、成本障碍、规模经济和市场容量。

消费者偏好是指由于产品本身品质或由于广告宣传而造成的消费者对已存商品的偏好。要克服这一壁垒，要么新进入企业的产品一开始就具有较高的内在质量，要么花费更大的广告费用去宣传自己的产品，要么使自己的产品价格更为吸引人。前两项是成本的增加，后一项是利润的减少。

成本障碍是指已存企业与新进入企业相比在成本方面的优势。新进入企业成本与原有企业的成本差额愈大，进入的壁垒愈高。产业组织理论经常用这一差额来衡量进入壁垒的高低。

规模经济之所以成为经济壁垒的一种形式，是因为存在规模经济的行业，企业的最低经济规模或经济规模较高。在这些行业，那些小企业因经济规模较低而不能进入。而要达到最低进入规模，则在资金的筹集、人才招聘等方面存在着较高的组织费用。

市场容量也影响着进入壁垒的高低。市场容量大，已存企业的竞争程度相对较低，从而对新进入企业的排斥性较小，因为企业的进入并不一定会夺走它的市场；市场容量小，已存企业间的竞争程度较高，对企业进入比较敏感，新企业进入会直接减少已存企业的份额，所以对企业进入比较倾向抵制。色劳斯和拉比尼认为，任何面对潜在对手的厂商都倾向于维持自己现有的生产规模。[42] 后来人们把此称为色劳斯－拉比尼假定。对于容量较小的市场而言，色劳斯－拉比尼假定就意味着新的潜在对手难以进入。

产业组织理论认为，经济壁垒的高度由行业价格与平均成本的差额来衡量。这一差额愈大，意味着该行业的壁垒越高，亦即图 2-4 中的 OE 愈高。因为就长期而言，价格 P_0 之所以高居平均成本曲线以上，并获取超额利润 $OE \times Q$，正是因为进入壁垒阻止了新企业的进入，从而价格不能像一般均衡市场那样与长期成本曲线相交于 E 点。一旦价格（P）与本行业效率最差企业平均成本（ACm）超过了规模经济（Se）和已存企业与新进入企业成本差额之和（$ACe-ACm$）进入就要发生，即当：

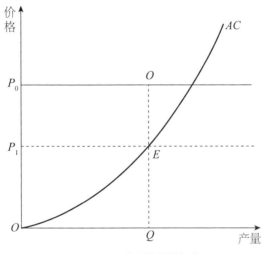

图 2-4　进入壁垒的度量与表示

$$P - ACm > Se + (ACe - ACm)$$

时，就有新的企业进入这一行业。也就是说，一旦价格超出其进入壁垒所能保护的水平时，企业就要进入。进入的结果将迫使过高的价格回落到进入壁垒所保护的均衡价格 P_0 时为止（当然不会回落到一般均衡价格 P_1）。

值得指出的是，上述"进入"发生的条件只是一种理论机制。实际生活中的进入过程远比此复杂得多，很难找出一个规律性的行为方程。具体地讲，产业经济学中的进入理论忽略了以下三个问题：（1）市场的地域性。潜在进入者的生产地域与已存市场的距离是一个决定进入的重要因素，因为运输成本将使已存厂商在竞争中占有较大的优势。（2）信息成本和信息的接受。其他厂商并不一定知道某一市场上价格已上升到进入壁垒所能支持的高度。已存厂商也不一定知道新进入者的产生。（3）建设时间引起的不确定性。从一个企业决定进入到产生出充分替代品前，有一个建设过程。这一过程推迟了进入的实际作用过程，同时提前了已存企业的反应过程，这将使进入及由此引起的变动规律发生较大的变化。

从上面的理论分析可以看出，进入壁垒的存在，使价格水平高于一般均衡状态。那么，逻辑结论便是进入壁垒愈高、行业利润率越高。实际情况又是如何呢？贝因、曼和奎尔都曾对此做过实证研究。他们把行为分为进入壁垒"非常高""明显"和"中低"三类。结果是"非常高"行业的利润率高于后两类。但"明显"和"中低"两类行业的利润率差别却不明显。他们猜测，原因可能是"明显"行业采取反进入的低价政策，而"中低"行业由于无力抗拒"进入"，乐得提高价格，暂时多得利润，从而两类行业的利润率没有表现出应该有的差别。[43]

§2.5　企业行为

产业组织理论着重研究的企业包括两个方面，一是价格行为，二是非价格行为。前者包括订价行为与价格歧视问题，后者包括合并（纵向、横向和混合）和广告等。

价格行为是产业组织理论的传统领域。产业组织理论的出现，在很大程度上是因为垄断企业在价格水平方面出现了很大差异，传统的微观理论已不能解释垄断企业在价格和产量决定上的新变化，于是张伯伦和罗宾逊夫人等相继发展了作为产业组织理论的垄断竞争理论。概而言之，垄断竞争理论认为，对于完全竞争市场中的企业而言，价格是外生的，或者说是由外在于企业的力量决定的，企业只能适应价格；对于完全垄断的企业而言，价格则是由企业制定的、是垄断企业操纵的。对于垄断市场而言，价格则是领先企业相互博弈的结果。产业组织理论对价格行为的研究，主要是考察这些不同市场结构下价格决定的一般理论模型在实际生活中的实现程度。大多数产业经济学家认为，厂商决策者的价格决策行为并不像理论模型所描述的那样复杂，而是一种相对简单的成本加价方式。[44] 而且操作价格的主要是公司管理层中的低级人员。

价格行为的理论框架之所以与实际订价方式存在较大差别，这些学者指出的原因是：（1）不确定性与信息的有限性，使订价活动只能遵循一个简单的"成本加价"规则，并视可预见到的竞争伙伴的反应做适当的调整；（2）价格制定是一个分散决策的过程；（3）订价过程中，中间目标的不断修改。

需要指出，"成本加价"定价法并没有完全忽视需求。（1）价格确立后，将视供求状况做进一步的调整。在这里，平均成本加适当利润只是价格调整的大致基准；（2）厂商的平均成本取决于生产量，而生产量又决定于需求的大小。

价格行为研究中的另一个方面是价格勾结与价格歧视，它们都被视为是一种不利于竞争的垄断行为。

价格勾结是指两个或两个以上的厂商，为了谋取利润，或为了获取更大的市场份额，而采取的价格合谋行为。其形式包括公开的价格卡特尔和隐蔽的价格"跟上"（领头厂商先调价格，其他企业跟上）。价格勾结在品种单一、产品同质的行业中易于发生。在美国，反托拉斯法的两个主要功能之一就是反对价格勾结。

所谓价格歧视，是指厂商把同一商品或劳务以不同的价格售卖于不同的买者。[45] 价格歧视的出现，一是因为买者的需求曲线存在差异，或者说，买者的需要强度不一致，从而需求弹性不一致；二是买者间的信息条件不一样；三是买者间保护自己的能力，或者说寻求替代卖主的能力存在着差异。

现代产业组织理论对企业行为的研究，在很大程度上已从价格行为转向非价格行为。这主要是合并行为和广告行为。

合并包括横向合并、纵向合并和混向合并。横向合并是指生产同一商品或生产具有充分替代性商品的两个或两个以上企业的合并。由于横向合并直接提高市场集中度，故被认为是不利于竞争的行为。在发达国家，法律一般是予以限制的，特别是同一行业中两个大企业的合并。正是由于这类合并的后果清楚，故不是产业组织理论研究的重点。

纵向合并是指具有前后向投入产出关系的两个或两个以上企业的合并。纵向合并给合并企业带来的好处是：（1）可减少投入成本；（2）减少市场交易风险和成本，增加了投入品供应的稳定性；（3）减少技术上的一些重复成本。

产业组织理论对纵向合并的关注，主要在纵向合并是否会降低市场的竞争程度，从而降低经济的效率。由于纵向合并对经济绩效的影响远不如横向合并那样确定，也不像横向合并那样受到反托拉斯法的明确限制，所以纵向合并成为企业扩大规模的重要手段，以反对形成垄断的合并为己任的产业组织理论也就把纵向合并对市场绩效的影响作为主要的研究内容。涉及的重要问题有两个，一是纵向合并对下游产品价格的影响，二是纵向合并对市场竞争的影响。

波斯坦 1960 年提出了这样一个假定[46]：如果投入比不变，纵向合并并不影响合并企业的价格与产量。后来穆莫夫也提出了相同的观点，故后来人们把这一假定称为波斯坦－穆莫夫假定。穆莫夫又补充道，如果上游的垄断企业与下游的竞争企业合并，

结构与行为：中国产业组织研究（校订本）

会提高价格，减少产量。[47] 穆莫夫的后一假定是一个要求很强的假定。首先，它意味着上游的企业是一个绝对垄断企业，完全控制了投入的供应，从而可对下游其他的竞争者实行价格歧视；其次，要求企业是下游产品市场上的寡头生产者，能影响最终产品的价格。这两个条件实际上是较难满足的。

关于纵向合并对市场绩效的第二方面的影响，即纵向合并是否伤害竞争，一般的结论是纵向合并不伤害竞争。但是有很多因素限制了这一推论。（1）由于纵向合并扩大了企业规模，新企业进入的资金需求增加了；（2）初始投入有可能被独占，从而会损害下游非合并企业的竞争地位；（3）纵向合并企业的价格可能低于其他企业。正是基于以上的考虑，美国现在的反托拉斯法限制各自占 20% 以上份额的企业进行纵向合并。

混向合并是指生产不同产品和劳务的企业间的合并，在这里"不同产品"要满足两个条件，一是对消费者而言，产品不能替代；二是产品和劳务间没有直接的前、后向联系。与混向合并相近的一个概念是多样化，亦即企业生产不同的商品和劳务，这里不同产品和劳务仍要满足以上两个条件。所不同的是，混向合并是生产不同产品和劳务的企业的合并，多样化是指一个企业生产不同的商品和劳务。

多样化的计量，既可用所跨的行业数目来表示，也可用所生产的不同产品数目表示。比较好的方法是贝利指数[48]：

$$BI = 1 - \sum_{i=1}^{n} Ii^2$$

其中，Ii 为第 I 种产品在总产值中所占比重。

同样，产业组织理论对混向合并和多样化的研究集中在它对市场绩效的影响方面。

关于混向合并和多样化对竞争的影响。古得波利在 1973 年分析了美国混向合并的材料后，得出的结论是，通过合并而出现

2章　现代产业组织理论的进展及主要内容

的多样化对竞争的伤害不大。[49] 贝利于 1974 年研究了 1960—1965 年 461 家美国大公司的份额与多样化的关系后，得出的结论是：多样化减少领先公司的份额。[50] 当然，影响不大并不代表没有影响，混向合并后的多样化有可能产生两种不利于竞争的行为，一是搭配，即需求弹性小的产品搭售需求弹性大的产品，畅销产品搭配滞销产品。二是交叉补贴，即多样化经营的厂商为了把某一个或某些厂商从它所经营的某一活动 A 中排挤出去，把 A 的价格压到成本以下，并用非 A 活动的利润支持这一排挤活动。

关于多样化对潜在进入者的影响。罗德斯曾对 241 个制造业行业进行了实证研究，结论是，多样化增加了壁垒。[51] 原因是：（1）多样化使盈利信息不确定，明确的盈利率是进入的主要信号；（2）产生了新的排挤能力，如搭配、交叉补贴等。

关于多样化与利润率和增长率。考特的实证研究结论是厂商多样化与利润率和增长率都没有明确的关系。[52] 而罗德的实证结果则是混向合并企业无论在就业、资产还是销售方面都是增长最快的形式。[53]

关于多样化与创新。考特用厂商涉及的行业数量来衡量多样化，用研究和开发费用来衡量创新活动规模。他在这两者中间发现了很强的正相关关系。[54] 这意味着多样化促进创新活动的进行。

广告活动已成为现代社会重要的厂商非价格行为。随着广告活动的日益增多[55]，产业组织理论对广告活动的研究也日益深入，并主要集中在广告对市场绩效的影响方面。

所谓广告是指利用视、听手段传递商品信息，进而影响企业需求曲线和成本曲线的活动。

关于广告的性质和功能，存在着较大的争议。新古典理论由

结构与行为：中国产业组织研究（校订本）

于假定每个消费者都是信息的完全接受者，无论对产品的价格还是质地都掌握充分的信息，所以，认为广告行为是一种资源的浪费，是增加市场势力和提高壁垒的一种手段。[56] 然而实际生活中，消费者并不能获取充分的信息，所以，广告是信息的传递，从这个角度讲，广告是资源配置所必需的手段。特别是对于新企业而言，广告是一种竞争手段。[57] 还有学者认为，广告是一种投资，这种投资像其他投资一样要获取报酬，从而广告既不是诱导性的垄断工具，也不是信息性的竞争手段，而是一种中性的投资。[58] 笔者认为，广告是垄断手段还是竞争工具并没有确切的界限，判定的标准在于它的使用者。如由垄断厂商使用（如可口可乐广告），它就是诱导性的，是一种增加壁垒和垄断的手段。如由新进入者和小企业使用，它就可能是同垄断企业进行竞争的手段。

关于广告和产品价格。从理论上讲，认为广告是一种增加垄断工具的观点，隐含着这样一个推论：广告开支越大的行业，其产品价格愈高。而认为广告是竞争性工具的观点和广告是个性投资的观点则隐含着广告开支与价格水平负相关和无关的推论。

许多学者对广告和价格的关系进行了实证研究。研究围绕着三个方面展开，一是广告与价格弹性的关系；二是广告与相对价格的关系；三是广告与市场价格的关系。

关于广告与价格弹性的关系。价格弹性是指单位价格变动所引致的需求变动。如果广告是诱导性的垄断工具，那么，广告支出越大，价格弹性越低；反之，如果广告是信息性的竞争工具，则广告支出越多，价格弹性越高。通过实证得出的结论是：在批发层次，广告与价格弹性负相关；[59] 而在零售层次，广告则与价格弹性正相关。[60] 亦即在批发层次，广告是诱导性垄断工具；

而在零售层次，广告则是信息性竞争手段。

关于广告与价格关系的第二个方面是广告与相对价格的关系，即检验广告支出大的产品其价格相对水平是否也较高。从已有的实证研究看，无论在批发层次上，还是在零售层次上，广告与相对价格都有明显的正相关关系。[61] 至于广告与绝对价格水平的关系，大部分实证研究的结果是：在零售层次上，较多的广告导致价格水平的下降。这方面的研究包括斯台纳对玩具市场的研究[62]、本哈默对眼镜市场的研究等。[63]

总之，广告对价格的影响在零售层次上是信息性的竞争工具，而在批发层次上，却没有一致的实证结论。

[注释]

[1][34]"结构主义"（Structurist）和"行为主义"（Behavierist）提法见 W.G.Shepherd，Economics of Industrial Organization[M].Pretice-Hall Press，1979.

[2] 贝因是美国产业组织理论创始人麦森（Mason）领导的哈佛大学产业组织研究小组的重要成员。对 SCP 框架的形成，特别是进入壁垒的研究作出了很大贡献。其代表作是《产业组织》（威利出版社 1959 年版）。

[3] 谢佩德是美国目前著述最丰、影响最大的产业组织理论权威之一。他的《市场势力与福利经济学导论》已由南开大学易梦虹教授译成中文。

[4][9][33][38]D.Needham.The Economics of Industrial structure，Conduct and performance[M].New York：St Martin's Press，1978.

[5] 制度学派对创建产业组织理论所作出的贡献，一直没有获得应有的评价。不仅贝利和米恩斯的《现代公司和私有财产》一书比公认为是产业组织理论奠基著作的《垄断竞争理论》和《不完全竞争理论》早

出版一年，而且后两本书严格地说并不是产业经济学的著作，而是新古典微观经济学的修正。

[6][41]G.J.Stigler.The Organization of Industry[M].Homewood, Illinois：Irwin，1968.

[7]W.J.Baumol.Business Behaviour，Value and Growth[M]. Macmillan，1959.

[8]R.Marris.The Economic Theory of Managerial Capitalism[M]. Macmillan，1964.

[10]R.J.Larner.'Ownership and Control in the 200 Largest Non-Financial Corporations，1929 and 1963'[J].American Economic Review，1966（56）.

[11]P.S.Florence.Ownership，Control and success of Larg e Comp anies：An Analysis of English Industrial Structure and Policy，1936—1951[M].Sweet and Maxwell，1961.

[12][14]P.H.Burch.The Managerial Revolution Reassessed[M]. Lexington Books，Lexington，1972.

[13]J.M.Chevalier.The Problem of control in Large American Corporations[J].Antitrust Bulletin，1969（14）.

[15][17]S.Nyman and A.Silberston.The Ownership and Controlof Industry[J].Oxford Economic Papers，1978（30）.

[16]M.King.Public Policy and the Corporation[M].Chapman and Hall，1977.

[18]R.J.Monsen，J.S.Chiu and D.E.Colley.The Effectsof Separation of Ownership and Control on the Performance of the Large Firm[J].Quarterly Journal of Economics，1968（82）.

[19]J.L.Bothwell.Profitility，Risk and the Separation of Owner—Ship and Control[J].Journal of Industrial Economics，1980（28）.

2章 现代产业组织理论的进展及主要内容

[20] D.R.Kamerschen.The Influence of Ownership and Control on Profit Rates[J].American Economic Review, 1968（58）.

[21] J.R.Mckean and J.J.Kania.An Industry Approach to Owner Manager Control and Profit Performance[J].Journal of Business, 1978（51）.

[22] H.Radice.Control Type, Profitability and Grouh in Large Firms: An Empirical Study[J].Economic Journal, 1971（81）.

[23] K.J.Boudreauk.Managerialism' and Risk-Return Performances[J]. Southen Economic Journal, 1973（34）.

[24] P.Hall.Effect of Control Type on the Performance of the Firm in the UK[J].Journal of Industrial Economics, 1975（23）.

[25] W.G.Llewellen.Management and Ownership in the Large Firm.[J] Journal of Finance, 1969（24）.

[26] G.Llewellen and B.Huntsman.Managerial Pay and Corporate Performance[J].American Economic Review, 1970（60）.

[27] D.R.Roberts.Executive Compensation[M].Free Press, Glencoe Illinois, 1959.

[28] J.W.McGuire, J.S.Y.Chiu and A.D.E1bing.Executive Income, Sale and Profits[J].American Economic Review, 1962（52）.

[29] D.H.Ciscel.Determinants of Executive Income[J].Southern Economic Journal, 1974（40）.

[30] R.T.Masson.Excutive Motivation, Earnings and Consequent Equity Performance[J].Journal of Political Economy, 1971（79）.

[31] D.J.Smyth, W.J.Boyes and D.E.Peseau.Size, Growth, Profits and Execative compen sation in the large Corporations[M].Macmillan, 1975.

[32] A.Cosh.The Remuneration of chief Executives in the United Kingdom[J].Economic.Journal, 1975（85）.

[35] P.R.Ferguson.Industrial Economics: Issues and Perspectives[M].

Macmillan Education，1988.

[36] 美国反托拉斯法实践中有一个著名案例，即两个分别以生产男鞋和女鞋为主的制鞋公司，以它们分属两个不同的市场，其产品不能直接替代为理由，要求合并。美国司法部以它们是潜在竞争对手为据，不准许它们合并。

[37]H.Demsets.Industry Structure， Market Rivalry and Public Policy[M].Journal of Law and Economics，1973（16）：1-9.

[39]W.J.Baumol.Contestable Markets：An Uprising in the Theory of Industry Structure[J].American Economic Review，1982（72）：1-15. H.Demsets.Two Systems of Belief about Monopoly，in H.Goldsmith ect. （eds），Industrial Concentration：The New Learning，Little，Brown，1974.

[40][43]J.S.Bain.Barriers to New Competition：Their Character and Consequences in Manufactaring Industries[M].Cambridge，Mass：Harvard University Press，1956.

[42]P.Sylos—Labini.Oligopoly and Technical Progress[M]. Cambridge，Mass：Harvard University Press，1962.

[44][45]J.F.Weston，S.Lustgarten and N.Grottke.The Administered-Price，Thesis Denied：Anote[J].American Economic Review，1974.

[46]M.L.Burstein.A Theory of Full-Line Forcing[J].Northwestern University Law Review， 1960.

[47]R.L.Moomaw.Vertical Integration and Monopoly：A Resolution of the Controversy[J].Rivista Interna zionale di Scienze Economiche Commerciali，1974，1.

[48][50]C.H.Berry.Corporate Growth and Market Structure[J].Bell Journal of Economics and Management Science， 1974，7.

[49]L.G.Gddberg.The Effect of Conglomerate Mergers on

Competition[J].Journal of Law and Economics，1973，4.

[51]S.A.Rhoades.The Effect of Diversification on Industry Profit Performance in 241 Manufacturing Industries[J].Review of Economics and Statistics，1963（55）：55-146.

[52][54]M.Gort.Diversification and Integration in American Industry[M].Princeton：Princeton University Press，1962.

[53]S.R.Reid.The Conglomerate Merger：A Special Case[J].Antitrust Law and Economics Review，1968.

[55]1985 年美国的广告支出占其 GDP 的 1.5%。

[56][59]J.S.Bain.Industrial Organization（Ind edn）.New York，1968.John Wiley.W.S.Comanor and T.A.Wilson.Advertising and Market Power[M].Cambridge，Mass.：Harvard University Press，1974.

[57]G.J.Stigler.The Economics of Information[J].Journal of Political Economy，1961（69）：25-213. P.Nelson.Advertising as Information[J].Journal of Political Economy.1974（82）：54-729.

[58]L.W.Weiss.Advertising， Profits and Corporate Taxes[J].Reoiew of Economics and Statistics，1969（45）：7-70.

[60]D.R.Wittink.Advertising Increases Sensitivity to Price[J].Journal of Advertising Research，1977（17）：39-42.G.J.Eskin and P.H.Baron.Effect of Price and Advertising in Test-Market Experiments[J].Journal of Marketing Research，1977（14）：499-508.

[61]W.D.Reekie.Advertising and Price（The Advertising Association）1979.L.Burnett.What Makes a Top Brand（Leo Burnett Ltd，September）1979.

[62]R.L.Steiner.Does Advertising Lower Consumer Prices？ [J].Journal of Marketing，1973（37）.

[63]L.Benham.The Effect of Advertising on the Price of Eyeglasses[J].

结构与行为：中国产业组织研究（校订本）

Journal of Law and Economics, 1972（15）：52-337.A.R.Maurizi.The Effect of Laws against Price Advertising：The Case of Retail Gasoline[J]. Western Economic Journal, 1972（10）：29-321.J.Cady.Advertising Restrictions and Retail Price[J].Journal of Advertising Research，1976（16）：27-30.

3章　中国的市场结构 I：行业集中度

从本章起，我们转入第二部分，即研究中国的市场结构。本章考察作为刻画市场结构重要指标的行业集中度，接下来的两章分别考察衡量市场结构的另外两个指标：规模水平和进入壁垒。

行业或市场[1]的集中度是市场结构的重要内容，也是衡量某一行业（市场）竞争程度的主要标志。[2]在正统产业组织理论结构—行为—绩效（即SCP）分析框架中，行业集中度是影响该行业中企业的行为，进而影响企业和行业绩效的重要因素。后来，非正统产业组织理论，如芝加哥学派、新奥地利学派则对这一分析框架进行了批评。本章的目的就是考察我国的行业集中度、集中度与行业绩效的关系，并在此基础上检验SCP分析在我国的适用程度，并希望对我国的产业组织政策的制定有所参考。

§3.1　市场份额、行业集中度及其度量

现代经济学认为，一个行业的竞争和垄断程度极大地影响着这个行业的企业行为。那么，如何来反映或衡量一个行业的竞争或垄断程度呢？人们一般认为以下几个因素与垄断程度有比较确定的关系：

1. 企业的规模。企业的规模愈大，企业控制市场数量和价格的能力愈强。

2. 大企业的个数。大企业的个数越多，它们联合起来的市

场势力越大，垄断利润越高；反之，则竞争愈残酷，竞争代价愈高。因此，联合的可能性愈大。

3.市场的容量。市场愈大，企业数量越多，大企业的控制能力相对就较小。

简单地说，前两个因素可归结为企业规模差异，后一因素则是企业的数量。所以，我们可以概括地说，企业规模差异和企业数量决定了一个行业是垄断的市场结构还是竞争的市场结构。

正是从以上的考虑出发，现代产业组织理论借助于市场份额来衡量行业的集中度，并用行业集中度作为刻画行业市场结构的主要指标。市场份额是指某一企业销售额在该行业全部销售额中所占比重。行业集中度则是指该行业少数几个最大企业所占的市场份额及其代数变形。

衡量一个行业的竞争或垄断结构，可以使用两种方法，一是绝对法，二是相对法。具体计算公式详见第 2 章第 4.4 节。

相比较而言，绝对法主要反映特定行业中几家最大企业的集中程度，而没能顾及本行业参与企业的数量（市场容量）和本行业从整体上看的规模不均齐程度；相对法则主要反映整个行业所有企业规模的差异，却没有顾及领先企业的集中程度。更简单地说，绝对法主要反映领先企业的集中程度，而相对法主要反映该行业企业规模的差异。

为了把绝对法和相对法的优点结合起来，并尽量使之计算简单，本书引入了平均份额和集中系数这两个概念。所谓平均份额是指该行业每个企业所平均拥有的份额，记为

$$\overline{C_n} = \frac{100}{\text{行业企业数量}} \times n$$

其中，n 为所要计算的企业数量，一般为 4 和 8。显然，平均份额与该行业企业数量成反比，企业数量越多（意味着市场容量越大），平均份额就愈小。

集中系数（*CI*）就是用 CR_n 法计算的行业集中度与行业平均份额的比值，记为

$$CI_n = \frac{CR_n}{\overline{C_n}}$$

其经济意义是：集中系数是某一行业前几位的企业集中度为平均集中度的倍数。运用集中度（CR_n）和集中系数（CI_n）这两个指标，我们不仅可以反映某一行业的绝对集中程度，还可反映这一行业的相对集中程度，不仅反映了行业中企业数量的影响，也反映了该行业大、小企业之间的规模差异。这样，我们也就可以弥补上述产业组织理论计算方法的缺陷。

§3.2 我国主要工业行业集中度和集中系数

表 3-1 是笔者所计算的我国 39 个大行业 1990 年的前 4 位和前 8 位的集中度和集中系数。

表 3-1　我国主要工业行业集中度

行业名称	集中度		集中系数	
	CR_4	CR_8	CI_4	CI_8
煤炭采选业	10.9	19.4	272.3	242.6
石油、天然气采选业	71.0	88.3	5.9	3.6
黑色金属矿采选业	25.1	32.6	80.9	52.6
有色金属矿采选业	8.1	12.5	50.3	39.2
非金属矿采选业	6.1	9.3	152.8	115.9
采盐业	18.8	29.8	29.3	23.2
木材及竹材采选业	6.8	12.7	18.9	17.6

行业名称	集中度		集中系数	
	CR_4	CR_8	CI_4	CI_8
自来水生产和供应业	13.1	20.4	109.1	84.8
食品制造业	1.4	2.3	143.0	117.0
饮料制造业	3.4	5.4	113.3	89.3
烟草加工业	18.1	26.0	14.2	10.3
饲料工业	7.0	10.8	70.3	50.4
纺织业	0.8	1.4	47.0	43.9
缝纫业	3.3	5.0	143.9	109.1
皮、毛及制品业	2.4	4.2	50.0	44.0
木材加工制品业	5.1	8.1	135.0	106.4
家具制造业	3.4	5.4	85.5	66.9
造纸及纸品业	7.5	10.8	197.1	142.4
印刷业	3.7	5.5	103.9	76.8
文教体育用品业	5.3	8.8	53.3	43.9
工艺美术品制造业	2.3	3.7	59.5	49.2
电力生产与供应业	45.8	64.9	1309.7	927.3
石油加工业	33.4	55.2	64.2	53.1
炼焦煤气业	27.9	35.3	162.4	102.0
化学工业	12.1	15.6	606.0	390.8
医药工业	6.5	9.7	50.4	37.8
化学纤维工业	38.4	44.6	53.4	31.0

3 章 中国的市场结构 I：行业集中度

行业名称	集中度		集中系数	
	CR_4	CR_8	CI_4	CI_8
橡胶制品业	7.8	12.7	72.3	59.0
塑料制品业	4.5	6.1	158.9	108.4
建筑材料业	1.4	2.6	184.2	170.7
黑色金属加工业	22.3	31.0	297.0	129.3
有色金属加工业	13.3	23.4	81.2	71.2
金属制品业	2.4	3.7	173.6	133.6
机械工业	2.3	4.0	240.6	205.7
交通设备制造业	14.9	21.0	405.4	285.3
电气机械制造业	5.8	9.3	205.4	171.7
电子及通讯设备制造业	8.1	14.6	92.3	83.1
仪器、仪表业	7.1	10.5	59.3	43.8
其他工业	3.0	4.6	37.5	28.6

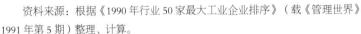

资料来源：根据《1990年行业50家最大工业企业排序》（载《管理世界》1991年第5期）整理、计算。

从表3-1可以看出，石油、天然气采选业，电力生产与供应业，化学纤维工业，石油加工业和炼焦煤气业依次为我国集中度最高的5个工业行业。从行业上看，这5个集中度最高的行业皆属于重化工业。这意味着这些装置型重化工业规模效益高，从而大企业易于形成高集中度地位。在这39个行业中，集中度最低的5个行业依次是纺织业、食品制造业、建筑材料业、工艺美术品制造业和金属制品业。这些行业共同的特点是市场广阔、企业众多，且多为轻工业。

同时还可以看出，从整体上讲我国的行业集中度是较低的。在全部39个工业行业中，只有石油、天然气采选业的前四位集中度超过50%，绝大部分（64%）行业前四位集中度低于10%，这充分地说明了我国企业规模水平偏低，企业规模结构不甚合理。

由于集中系数是该行业中最大几家企业为该行业平均企业规模（占市场销售额份额）的倍数，所以它醒目地反映了我国39个工业行业规模的差异或不均齐程度。从表3—1可以看出，我国5家企业规模差异最大的行业依次是，电力生产及供应业、化学工业、交通设备制造业、机械工业和电气机械制造业。这些行业都有这样两个显著特点，一是存在着明显的规模效益，从而存在着少量大型企业。同时，由于市场广阔，企业数量较多，中小企业也较多。二是这些行业企业规模差异较大还与多年来我们在电力生产及供应业、化学工业和机械工业采取"两条腿走路"的方针，大力兴办小水电、小化工和小机械等"五小"工业有关。

石油、天然气采选业，烟草加工业，木材及竹材采选业，采盐业和其他工业则是集中系数较大、从而企业规模差异度最小的5个行业。造成这一状况的原因，主要是这些行业的资源型进入壁垒较高，从而企业数目较少和企业的平均规模较大。这里最典型的行业是石油、天然气采选业，它既是我国集中度最高的行业，也是企业规模差异最小的行业。

根据表3-1资料，可以把工业行业分为以下四类：

1. 集中度高、规模差异小的行业，其代表是石油、天然气采选业。这是一种均齐型的高集中行业。在市场经济中，这种行业既易产生垄断竞争，也易形成寡头垄断，即勾结。

2. 集中度高、规模差异大的行业，其代表是电力生产与供应业。正统产业组织理论认为这是最易发生垄断行为的行业。

3. 集中度低、规模差异小的行业，其代表是纺织业。按照产业组织理论，这是竞争性市场结构最强的行业，产生垄断的可能性较低。

4. 集中度低、规模差异大的行业，其代表是建筑材料业。这类行业由于市场容量大，也是一种竞争性的市场结构。

随着我国向市场经济的过渡，制定竞争政策的重点应是第一类和第二类行业。

这四类行业的划分标志可用图 3-1 表示。

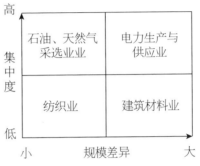

图 3-1　行业的集中度与规模差异分布

§3.3　行业集中度与行业绩效的关系

刻画我国工业行业的集中度和集中系数并不是本书的唯一目的，甚至不是主要的目的。我们更为关心的是，行业集中度与行业绩效的理论关系在我国是否存在，如果不存在的话，原因是什么？对这些问题的回答将是我国制定竞争政策的基础。

正统的产业组织理论认为，市场集中程度作为市场结构的一个重要要素，对企业行为和行业绩效有很大的影响。其作用方向是：市场集中度越高，大企业支配市场的能力越强，从而行业利润率越高。对此，丹姆斯茨和尼德海姆曾做过实证研究。丹姆斯茨认为，当集中率超过 50% 以后，行业间利润率与集中率的正相关关系就开始出现，而当集中率在 10%～50% 区间内，资产利润率反而随集中度提高而下降。[3] 尼德海姆的结论更多地是针对企业的市场份额与利润率的，他提出下列一个理论关系：

$$p' = \frac{S_f}{(E_d + E_s)S_r}$$

其中，P' 为利润率；E_d 是价格需求弹性；E_s 是竞争对手在价格上的反应；S_r 是对手的市场份额；S_f 是企业自己的市场份额。

该公式的含义是，企业的利润率与自身市场份额成正比，与价格弹性和对手的市场份额成反比。[4]

现在就让我们通过表 3-2 看一下我国工业行业的集中度与行业绩效存在什么关系。

表 3-2　我国集中度最高和最低行业的利润率

行业	行业集中度 （1990 年 CR_4）	销售利润率 （1989 年）
石油、天然气采选业	71.0	−10.74 （5.58）*
电力生产与供应业	45.8	9.79
石油加工业	33.4	7.21
化学纤维工业	38.4	11.15
炼焦煤气业	27.9	−0.81
上述最高集中度行业平均	43.3	3.32 （6.58）**
纺织业	0.8	5.27
食品制造业	1.4	4.50
建筑材料业	1.4	11.20
工艺美术品制造业	2.3	6.13
金属制品业	2.4	6.87
上述最低集中度行业平均	1.7	6.79

注：＊1988 年数据。

　　＊＊石油工业用 1988 年数据得出的平均数。

　　资料来源：根据《中国工业经济统计年鉴》（1990）第126—132 页有关数据计算。

表 3-2 给我们的突出印象是，在我国，行业集中度与行业利润率不存在确定的相关关系。特别是，当我们把石油工业的销售利润由 1989 年数据换为 1988 年数据后 [5]，平均集中度高达43.3% 的 5 个高集中度行业的销售利润率竟然和平均集中度仅为1.7% 的 5 个低集中度行业的销售率几乎相等。这一统计事实告诉我们的重要结论是：至少在 1990 年以前，正统产业组织理论所持的集中度与利润率的正相关关系在我国尚不存在。然而能否从这一事实得出正统产业组织理论在我国已经失效的结论，却为时尚早。因为，产业组织理论上述正相关关系存在的条件——市场经济下自主的企业行为，在我国还不具备。从而，与其说正统产业组织理论所认定的正相关关系没有出现，是理论上的失效（就像非正统派认为的那样），毋宁说是体制上的缺陷。在笔者看来，我国行业集中度与行业利润率之所以不存在确定的关系，主要原因在于国家对高集中度的行业实行了较为严格的价格控制，从而在这些行业，价格不是由具有垄断结构的市场决定的，而是由政府制订的。于是市场结构与企业价格行为的链条中断了，市场结构与行业绩效在市场经济中那种较为确定的关系也就不存在了。

为了部分地证明笔者的上述推测，部分地证明尼德海姆关于企业利润率与企业市场份额成正比的观点，我们选取市场机制作用比较充分、大部分价格已经放开的消费品行业，来考察市场份额最大的四家企业的销售利润率和行业平均销售利润率的差异。

从表 3-3 可以看出，在我国的消费品工业中，企业所占市场份额与企业利润率间存在非常确定的正相关关系。四家市场份额最大企业的销售利润率大致是行业平均利润率的 4 倍。这意味着在企业层次上，尼德海姆的结论是成立的，亦即企业的市场份额愈大，利润率越高。

结构与行为：中国产业组织研究（校订本）

表 3-3　中国工业行业集中度与利润率关系

单位：%

行业	四家最大企业 所占市场份额	四家最大企业 销售利润率	行业平均 销售利润率
纺织业	0.8	9.0	5.3
食品业	1.4	9.9	4.5
工艺品制造业	2.3	8.2	6.1
饮料制造业	3.4	21.4	2.5
烟草加工业	18.1	64.9	0.3
饲料加工业	7.0	9.0	4.2
缝纫业	3.3	8.9	5.0
皮毛及制品业	2.4	8.0	2.6
家具制造业	3.4	10.6	3.9
文教、体育用品业	5.3	27.2	8.3
平均	—	17.7	4.3

资料来源：根据《中国工业经济统计年鉴》（1990）和《1990 年行业 50 家最大工业企业排序》（载《管理世界》1991 年第 5 期）有关资料计算。

　　然而，我们必须强调的是，市场份额与利润率的正相关关系，是像正统产业组织理论认为的那样是产生于大企业的垄断行为和大企业对市场的控制呢？还是像非正统派强调的那样，是来自大企业的创新优势、良好的组织管理和规模经济呢？目前，我们尚不能对此做出肯定和明确的回答。这既是产业组织理论争论的关键所在，也是我国产业组织研究的深化方向。

§3.4　行业进入壁垒与行业集中度的关系

　　在初步考察了集中度与利润率的关系后，我们转而分析进入壁垒与集中度的关系。

所谓"进入"是指企业生产另外某一行业或市场的充分替代品，进入壁垒则是指所有妨碍自由进入的一切障碍因素。行业进入壁垒和行业集中度是刻画该行业市场结构的两个最基本的方面。如果说市场集中度主要反映行业内部已存企业的竞争关系的话，那么进入壁垒主要反映已存企业和潜在进入者的竞争关系，也就是说进入壁垒的作用主要表现为限制行业企业数量的增加。我们已经知道行业内的企业数量直接影响着行业集中度和企业规模的差异。所以，从理论上二者存在着这样一种正相关关系：行业进入壁垒越高，行业的集中度也就越高。现在就让我们检验一下这一理论推论是否成立（见表3-4）。

从表3-4我们看出，我国工业行业进入壁垒和行业集中度间还是存在着较为明显的正相关关系的。第一，集中度最高的5个行业平均进入壁垒排序为11，而集中度最低的5个行业进入壁垒平均排序为28。第二，在5个高集中度行业中，有3个属于高壁垒行业，2个属于中等进入壁垒行业。而在5个低集中度行业中，除纺织业属于中等进入壁垒行业外，其他几个皆属偏低进入壁垒行业。当然，由于工业行业进入壁垒的具体排序还多少带有某种主观性（尽管笔者在写作《论进入壁垒》一文时，尽力使这一排序客观与科学），故进入壁垒与集中度具体的相关关系还有待研究，某些数据还有待进一步调整。

表3-4　我国集中度最高、最低行业的进入壁垒排序

行业名称	行业集中度排序	进入壁垒排序（由高到低）
高集中度行业平均	3	11
石油、天然气采选业	1	1
电力生产与供应业	2	19

行业名称	行业集中度排序	进入壁垒排序 （由高到低）
石油加工业	3	9
化学纤维工业	4	3
炼焦煤气业	5	22
低集中度行业平均	37	28
纺织业	39	14
食品制造业	38	32
建筑材料业	37	33
工艺美术品制造业	36	27
金属制品业	35	34

资料来源：进入壁垒排序见笔者所作《论进入壁垒》，载《经济研究资料》1992 年第 11 期。

　　如果上述得到初步验证的进入壁垒与集中度的关系真的成立的话，那么，旨在消除不合理进入壁垒，促进部门间、行业间资源转移的竞争政策，不仅有利于提高资源在部门间、行业间的整体配置效益，还可在很大程度上有利于防止垄断性的市场结构的形成，从而有利于促进行业内部的竞争。

［注释］

　　［1］在产业组织理论中，行业是一组企业的集合，这组企业生产的产品具有充分的替代弹性。而市场是指一组特定的买者和卖者，在买者看来，这组卖者的产品具有充分的替代弹性。所以，只要替代弹性的确定是同一的，市场划分与行业的划分就是一致的。为了方便，笔者在本章中主要使用行业集中度这一概念。

［2］另一个标志是进入壁垒，这是第五章的研究内容。

［3］H.Demsets.Industry Structure，Market Rivalry and Public Policy［J］. Journal of Law and，Economics，1973（12）：1-22.

［4］D.Needham.Economics of Industrial Structure，Conduct and Performance［M］.New York：St.Martin Press，1978.

［5］1989 年我国石油工业利润率发生了突发的大幅度下降，故该行业 1989 年数据不太可比。

结构与行为：中国产业组织研究（校订本）

4章 中国的市场结构 II：规模水平

市场结构在很大程度上是刻画企业在行业内和行业间市场条件不均齐的概念，其中，行业或市场的集中度是描绘一个行业内企业规模的不均齐，进入壁垒是行业间市场进入条件的不均齐。为了更全面地刻画我国企业规模的不均齐状况，本章对我国工业几个主要行业的规模水平进行重点考察。

§4.1 中国工业企业规模水平的估计

（一）反映行业规模水平的指标

反映行业规模经济状况的指标有实物指标和价值指标。主要的实物指标有：

1. 企业平均规模与经济规模的比值。这一指标在一定的程度上能反映行业的规模经济水平。比值越大，行业规模经济水平越高。平均规模可按产量和能力计算，分别反映行业的产出和投入的平均规模水平。骨干企业是行业的主体企业，可以用骨干企业平均规模指标弥补全行业企业平均规模指标受企业数影响过大的缺陷。

2. 经济规模企业（即规模大于 MES[1] 的企业，简称 MES 企业，下同）的数量和累计产量、累计能力占企业总数和总产量、总能力的比例。比例越大，行业规模经济水平越高。由于剔除了企业数的影响，这个指标能较全面地反映行业的规模经济水平。

3. 流程加工行业垂直联合企业数量和累计产量、能力占各流程企业总数和总产量、总能力的比例。这是个综合指标，如果企业在各流程阶段都达到经济规模，则这个指标同时反映行业的横向和纵向规模经济水平。如果企业未能在各流程阶段达到经济规模，则这个指标反映垂直联合的规模经营效益水平，同时反映企业的大而全或小而全的结构特点，说明行业专业化水平不高。因此，应结合专业化水平指标考察这个指标。

4. 企业和 MES 企业的开工率。开工率通常用产量占能力的比例计算。当企业或经济规模企业过多、能力过剩时，则不仅无法获得规模效益，还会有附加损失。能力过剩的原因是多样的。

在产业组织理论中，上述第 2、3、4 种指标被称为产业组织技术效率指标。

将上述指标计算项目改为产值（或销售收入或净产值）和固定资产原值（或资产净值或资金），则形成反映行业规模经济水平的产出和投入的价值指标，可与实物指标相互补充用于分析。

上述指标 2 与国内常用的按大、中、小企业分类的企业数量和产出、投入的比例指标类似，都可以反映行业的规模结构。不同的是，指标 2 直接反映行业的规模经济水平，而后者以企业为对象未必能反映行业的规模经济水平，因为存在大而全的大企业和专业化的经济规模小企业。

（二）"六五"以来规模经济的状况水平特点

1. 企业和骨干企业平均规模。"六五"以来企业和骨干企业平均规模的变化和水平有两个特点：

（1）不同行业企业平均规模有增有减，但多数行业的基本趋势是企业平均规模在增加。如表 4-1 所示，按不变价计算的企业平均产值，从 1981 年到 1987 年，在独立核算的工业企业和其中的大中企业，在数量分别增加了 1.29 倍和 1.96 倍的同时，其平均产值仍分别增加了 1.54 倍和 1.11 倍。6 个主要代表行业

（1987 年占工业产值的 78%），除冶金业因企业数增加太多（增加倍率居 6 个行业之首）外，5 个行业企业平均规模都在增加。按实物量计算，根据对 99 种代表产品（原材料中间品 38 种，投资品 30 种，消费品 31 种，其中耐用消费品 11 种）的计算，在"六五"期间，2/3 的产品企业平均产量在增加，全部代表产品企业和骨干企业（最大的前 8 家企业）的平均产量指数的算术平均值由 100 分别增加到 212 和 1145（扣除发展特别快的计算后分别为 173 和 367）。

表 4-1　1981—1987 年企业平均产值和企业数量的增加倍率 *

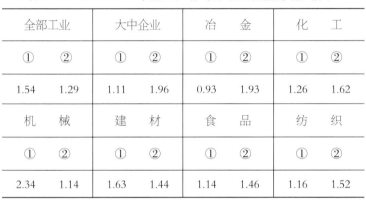

全部工业		大中企业		冶　金		化　工	
①	②	①	②	①	②	①	②
1.54	1.29	1.11	1.96	0.93	1.93	1.26	1.62
机　械		建　材		食　品		纺　织	
①	②	①	②	①	②	①	②
2.34	1.14	1.63	1.44	1.14	1.46	1.16	1.52

注：*　①为企业平均产值增加倍率 =1987 年企业平均产值 /1981 年平均产值，产值为 1980 年不变价；②为企业数增加倍率 =1987 年企业数 /1981 年企业数。

资料来源：根据《中国统计年鉴》（1986）、《中国工业经济统计年鉴》（1988）数据计算。其中大中企业 1981 年产值为估计值，等于 1981 年全部产值 ×1980 年的大中企业产值占全部产值的比例。

（2）与经济规模相比，企业平均规模显著偏小。根据工业普查资料对 26 种代表产品的分析表明，如表 4-2 所示：企业平均规模占经济规模比例在 25% 以下的占 77%；企业平均规模与经济规模的差距因行业而不同。差距大的行业多是近年发展较快的新兴行业和原材料行业，而基础较好、技术壁垒较高、行业管理较强的行业差距较小，如"六五"期间国家重点投资的平板玻璃、实行专营的卷烟、基础较好的橡胶外胎和棉纺、有基础并且技术壁垒较高的机床（车床）、起始投资大并且耗能高的氧化铝等。

表4-2　代表产品企业平均产量占经济规模的比例＊

比例 /％	代表产品
5 以下	生铁、钢、合成氨、纯碱、水泥、集成电路
5～10（不含）	纸、中型载货车、电冰箱
10～15（不含）	硫酸、啤酒、彩电
15～25（不含）	烧碱、泵、合成洗涤剂、自行车、电解铝、乙烯、缝纫机、柴油机（小型，单缸）
25～50（不含）	橡胶外胎、平板玻璃、车床、卷烟
50 及以上	棉纺、氧化铝

＊①其中棉纺为 1986 年数据，钢、生铁、电冰箱、柴油机为 1987 年数据，集成电路为 1988 年数据，其余为 1985 年数据。②所用的工业普查数据中的企业数少于实际企业数，因此实际比例更低。如棉纺的比例为 56.6％，若计入近几年大量发展的乡镇棉纺企业，估计比例就会降至 40％～50％ 或更低。

2. MES 企业的市场份额。这是反映工业规模经济水平最重要、最基本的指标。我们利用工业普查和部门资料计算分析了 23 个行业 33 种代表产品的这一指标。

对其中 29 种代表产品的分析计算表明，MES 企业数占全部企业的比例在 5％ 以下的行业高达 69.0％，全部比例的算术平均值仅为 7.4％。MES 企业数比例高的行业主要是工业基础较好的行业，如棉纺、通用设备（风机、泵），专业化水平较高的"老三大件"，如自行车和缝纫机，以及技术壁垒较高的液压机。

MES 企业产量占全部产量的比例，即主要的 MES 企业的市场份额（简记 D）指标，是更有价值的指标。如表 4-3 所示，在 23 个行业的 33 种代表产品中，D 值在 30% 及以下的占 39.4%，在 50% 及以下的占 69.8%，在 60% 以上的只占 9.0%；D 值在 30% 以下的主要是新兴支柱产业产品（家电和轻型车），供不应求而且进入壁垒较低、小企业较多的产品（水泥、合成氨、纸、啤酒）。D 值在 30% 以上的主要是已有工业基础或进入的资金、技术、资源壁垒较高或专业化水平较高的机床、棉纱、通用机械、电解铝和氧化铝、中型货车、老三大件、钢铁等业，以及工业基础虽弱但在"六五"期间有国家重点支持的产业，如集成电路。

表 4-3　代表行业的 MES 企业产量占全部产量的比例——D 值 *

D/%	代表产品	比例 /%
10 以下	水泥、轻型车、电冰箱、冰箱压缩机	9.0
10.1～20	合成氨、硫酸、纸、啤酒、电冰箱、轻革	18.2
20.1～30	橡胶外胎、圆柱锥轴承 A、彩电 A、柴油机（小型，单缸）	12.2
30.1～40	电解铝、向心球轴承 A、集成电路、卷烟、洗衣机 A、合成洗涤剂	18.2
40.1～50	钢、钻床 A、自行车、乙烯	12.2
50.1～60	生铁、烧碱、车床 A、液压机 A、泵 A、缝纫机 A、棉纱	21.2
60 以上	氧化铝、中型货车、电站设备	9.0

注：* 除棉纱为 1986 年数据（按能力比例计算），电冰箱、钢、铁、柴油机为 1987 年数据，集成电路为 1988 年数据外，其余均为 1985 年数据；A 表明该产品是根据机电部政策研究所产业组织政策课题的数据分类。

中国的情况与国外形成鲜明对照。美国是老牌发达国家，20 世纪 50 年代初，汽车、食品等 20 个行业的调查表明，美国这

x

x

x

些行业 70%～90% 的产量来自 MES 企业；[2] 日本是战后发展起来的发达国家，其规模经济水平举世公认。但在 50 年代初期和中期，钢铁、家电、石油化工、食品业规模经济水平也不高，经过 5～10 年或更长时间后，各行业产量就主要来自 MES 企业；[3] 韩国是 60 年代以后发展起来的发展中国家。中国与韩国规模经济水平的差距也很大。对中国和韩国棉纺、钢、轿车、乙烯、水泥、电冰箱六个行业的比较分析表明，韩国六个行业的 D 值基本都在 70％ 以上，而中国 D 值除乙烯较高、棉纺稍高，其余行业 D 值都在 50％ 以下。[4] 故综合上述分析的初步结论是，到目前为止，中国许多工业部门的大多数产品来自非 MES 企业，中国工业的规模经济水平是相当低的。

上述分析还表明，由于剔除了企业数的影响，用 MES 企业数占全部行业企业数的比例指标，能更好地反映行业的规模经济水平。

3. 垂直联合、专业化和企业开工率。根据工业普查资料，纺织、钢铁、水泥、纸、机械、交通机械六个具有工艺流程连续特点的行业，垂直联合企业占全部企业的比例，1985 年按全行业口径计算平均仅为 9.6%，但按大中企业口径计算则上升到 49.1%；并且由于大中企业占有的固定资产多，因此联合企业固定资产占全行业的比例高达 55.4%。垂直联合企业比例反映行业纵向联合的规模经济水平，但由于许多联合企业的各工艺阶段是非规模经济的，因此虽能得到一定的集中经营和连续作业的规模效益，同时也因"大而全""小而全"损失了规模效益。

与上述情况相对应的是中国工业的专业化水平仍然较低。以机电工业为例，根据工业普查资料 1985 年中国机电工业外购件价值占总产值比例为 45.0%，扣除当年进口散件量大的日用电子和材料购量大的农机具业外，比例值降至 27.6%，远低于国外 50%～60% 的水平，低专业化水平的问题在专用设备、机床、电机等行业和工艺专业化方面表现得更为突出；但"六五"以来，主要是在有一定基础的大批量生产型行业，专业化水平已有一定的提高。

对钢铁、铝、电冰箱、纺织等行业各工序环节生产能力和产量的分析表明：（1）相当部分行业下游工序能力大于上游工序能力，下游企业开工不足的问题将长期存在。（2）开工不足的原因很多，并因行业而异。问题突出的是以农产品和矿产品为原料的原料加工业和零部件紧缺的新兴组装产业。（3）中国资源有限，产业组织政策应当有利于发挥数量不多的 MES 企业的潜力。

§4.2 几个主要行业的规模水平

根据产业组织理论，影响工业规模经济水平的原因可以分为两大类：（1）行业经济现状，主要指行业的工业基础和水平和供需状况；（2）行业的进入障碍，即企业进入行业的难度和发展成 MES 企业的难度。主要的进入障碍又可分为四项：资源，市场规模，资金和技术、体制和政策。这四项，从前到后有关政策的选择性顺次逐渐增加，但选择范围和有效性又受制于前项因素。从政策研究角度看，行业经济现状是研究的出发点，而对进入障碍的认识则提供了分析实际和设计操作性政策的重要基础。在实践中，行业经济状况会影响进入障碍，但技术进步、资源变化、体制调整、企业行为等因素会使进入障碍发生变化，最终也会影响行业经济现状，包括行业的规模经济水平。

（一）原材料业：钢铁

经过 40 年的努力，中国已成为位居世界第四的钢铁大国。1988 年中国铁产量为 5640 万吨，钢为 5918 万吨。钢铁工业，特别是炼铁、炼钢及轧钢各环节都是规模效益十分显著的行业。

炼铁、炼钢的 MES，国外早在 60 年代末就认为应在年产 400 万吨以上，而在中国则被认为在 100 万～200 万吨。我国炼铁、炼钢业的规模经济水平及其变化有三个特点：（1）在中国各工业行业中，钢铁工业的规模经济水平相对是较高的。以铁、钢年产量为 200 万吨计算，1987 年我国铁和钢的 D 值分别为 51.3% 和 43.1%，与表 4-3 所示的代表行业（或产品）相比是规模经济水平较高的行业；（2）改革以来规模经济水平不断提高。1980 年只有鞍钢一家企业的钢铁产量在 200 万吨以上，1987 年已有 6 家企业达到这个水平；（3）与国外相比，中国钢铁工业的规模经济水平仍然显著偏低。1973 年，日本钢铁业的 D 值，铁为 100%，钢为 81.5%。1981 年韩国钢的 D 值为 70.2%。

影响中国钢铁工业规模经济水平的因素很多，主要有：（1）历史影响。主要表现在两个方面：一是我国长期处于工业化发展初期，钢铁产品长期供不应求，因此各地方办钢铁的积极性很高。二是 50 年代以后中央政府集中投资建设和改造了大企业，同时在 1958 年大办钢铁、在 70 年代初各地办小钢铁，导致目前这种 15 家国家大型骨干企业和数十家地方骨干企业及数百、上千家地方中小企业并存的局面。（2）进入钢铁业的技术、资金障碍不太高，而形成有明显规模效益的大型钢铁企业的技术、资金进入障碍却较高。（3）体制影响。改革前，传统的集中计划体制及两次全国范围的分权是导致钢铁业二重结构明显的重要原因。改革以来，对重点钢铁企业的优惠承包，技改和允许自销的政策使一些大型钢铁企业发展较快（如首钢），同时财政分级承包体制和地方企业自销比例大的政策又刺激了地方钢铁企业，尤其是地方骨干钢铁企业的发展更快。以全国和地方最大的前 8 家企业的钢产量为例：最大的前 8 家企业的平均钢产量，1981 年为 1，到 1987 年国家重点企业上升到 1.28，地方骨干企业上升到 1.75；1981—1987 年，最大的前 8 家企业钢产量占全国钢产量的比例，国家重点企业从 58.3% 下降到 47.1%，地方骨干企业从 7.3% 上升到 12.3%。

改革以来，我国钢铁工业规模经济水平已有较大提高，但要进一步提高规模经济水平却不容易，需要解决一些基本矛盾。突出的矛盾有三个：（1）资金分散与需要集中资金的矛盾。钢铁业在改革以来利润和留利水平显著上升，但资金分散在众多企业，加上现行体制使资金分配条块分割，没有资金市场，资金集中到能获得规模效益的大钢铁厂的难度很大。（2）发挥骨干企业规模效益与其发展受限的矛盾。为了尽快提高产业规模经济水平，应当支持其骨干企业较快发展，但是受现行体制的约束，一些骨干企业有实力却无法进一步发展。如首钢欲凭借自己的技术和资金实力开发冀东铁矿，以求进一步发展，但由于地方要自己搞开发，首钢的计划无法实现。（3）钢铁市场能容纳的 MES 企业的数量有限与无法调整的中小钢铁企业之间有太多的矛盾。据预测到 2000 年乃至以后一段时间，我国钢铁市场的规模约为 1 亿吨左右或稍高。这样的市场规模大概只能容纳 40～50 家 MES 企业或更少（其中一些企业，如鞍钢产量将达 1000 万吨以上）。但是由于体制的和社会的原因，要调整改组或兼并相当一部分地方中小钢铁企业将极为困难（多数中小钢铁企业可以变为专业化程度较高的钢铁材料深加工企业）。

（二）棉纺

棉纺业是中国工业基础较好的产业。棉纺业的 MES 为 5 万锭（有人认为在 3 万～5 万锭）。中国棉纺业的规模经济水平有三个特点：（1）规模经济水平相对较高。棉纺业的 D 值在 1987 年按纺织部系统企业口径为 55.6%，计入系统外众多中小企业约为 50% 左右或略低。如表 4-2 所示，在中国各产业中棉纺业的规模经济水平是偏高的。（2）低于国外发达国家和顶尖工业化国家的水平。D 值，按 5 万锭定为 MES 计算，日本在 1984 年为 72.9％，韩国在 1980 年为 93.7%，均明显高于中国的水平。

（3）近 10 年规模经济水平明显下降。棉纺企业的平均纺锭数和 D 值，1949 年为 2 万锭和 53%，1959 年上升到 3.9 万锭和 60%，到 1980 年初下降为 3 万锭和略低于 60%，近 10 年由于小棉纺的迅速发展。急剧下降到 1988 年的约为 2.5 万锭和 50% 的水平。此外，近几年还存在高效益的骨干棉纺厂缺原料、低效高耗小棉纺厂有原料，因而实际上无法充分获得规模效益的问题。

初步分析，近 10 年棉纺业规模经济水平急剧下降的主要原因有三点：

1. 需求迅速增加是直接原因。衣料类社会零售额 1980 年为 413.7 亿元，1988 年上升到 1108.8 亿元，年平均递增 13.1%。纺织品和服装出口额，1980 年为 36.1 亿美元，占全国出口额的 19.8%；1988 年上升到 113.3 亿美元，占全国出口额的比例上升到 23.8%。内需和出口的增加刺激纺织和服装业的迅速发展，其产值 1980 年为 822 亿元，1988 年上升到 2133 亿元。在上述情况下，棉纺需求必然急速增加。

2. 较低的进入障碍使小棉纺迅速发展具有技术和经济支持的可能性。中国棉纺业基础较好，国内能提供全套设备，办小绵纺厂只需数百万元甚至更少的投资，因此进入棉纺业的技术和资金障碍低；棉纺业 MES 企业的规模只占全国市场规模的 0.2%，因此规模经济不足以构成市场进入障碍；由于体制因素，已有的大棉纺企业很难引导、控制小棉纺厂的发展。

3. 现行的体制和政策是深层原因。到 20 世纪 80 年代初期，中国棉纺业及其有关行业的资源配置格局是：大中棉纺企业主要在城市，棉花和纺织品的购销通过实行分级管理的商业部门统一组织；政府直接管理棉花的种植和收购计划、纺织业的发展及棉花和纺织品的价格，纺织企业只管生产；棉农实际收入低于城市工人，产棉区政府从购销棉花获得的财政收入显著低于国家通过棉纺工业获得的利税收入。改革后，国家调整了有关体制和政策，如实行价格双轨制，行政性分权和财政、外贸分级包干，下放工业项目审批权，结果形成某种程度的"诸侯经济"；实行对外开放，但由于未理顺价格、财税关系，国际和国内的资源、市场呈现一种扭曲连通状态，出现诸如低价出口棉花、棉纱和高价进口棉花、棉纱并存的问题。

因此，结果是：（1）按现价格和政策，地方棉花直接出口或纺纱销售、出口，可以更多地增加产棉区地方收入（含外汇收入），刺激产棉区大办棉纺业。根据1985年到1988年的资料估算，棉花纺纱净增的工业利税约为出售棉花收入的60%以上，其中30%～40%可转为地方财政收入，棉花出口离岸价高于收购价约10%～30%，棉纱出口比棉花出口创汇额可提高40%-50%以上。（2）中国资金按条块分配，又无资金市场，地方只能办小厂。（3）中国大、中棉纺企业没有棉花收购资金和网点。长期的棉花统购统销、分级管理，使得棉花购销资金及网点由商业企业独家掌握，而省级以下棉花收购企业已划归地方管理，同时接受国家调拨计划指导，获得相应的财政补贴。因此，实行财政包干后的地方政府有通过控制棉花购销供应地方企业的动机、能力和有利条件。这种状况有利于地方小棉纺厂的发展，不利于大、中棉纺厂的发展。

（三）新兴耐用消费品行业：电冰箱

电冰箱是新兴耐用消费品行业，近10年来发展迅速，年产量从1981年的5.6万台急增到1988年的757.6万台，1989年略有下降，仍高达670.8万台。中国电冰箱业的规模经济水平有三个特点：（1）规模经济水平低。按电冰箱MES年产40万台计（有的研究认为在我国应为20万台，国外一般认为在100万台以上），1987年电冰箱业的 D 值为14%，属规模经济水平较低的产业（按20万台计算，D 值约为27%，在表4-3中的地位有所提高，但仍然偏低），与日本、美国、韩国 D 值在 90% 以上的情况相比则差距更大。（2）规模经济水平提高很快。在产量迅速增加的情况下，按年产 40 万台计算的电冰箱业 D 值，1981年为 0%，1987 年约为 14%，1989 年上升到 20% 左右。据国家计划委员会技术经济研究所对 68 家主要电冰箱厂的调查，企业平均产量，1981 年为 0.5 万台，1987 年为 5.9 万台，1990 年预计将达到 17.9 万台。（3）冰箱主要部件压缩机、温控器发展滞后，规模经济水平提高有相当难度。目前我国有 14 家冰箱压缩机厂，除三个定点厂外，其能力距 MES 差距都很大。近年冰箱压缩机发展很快，但多数质量不高，加上市场容量有限，多数企业将面临困境，而且无法调整和获得部件生产的规模效益，从而影响整个行业的规模效益。

形成电冰箱业规模经济水平现状的主要原因有四个：（1）行业新、市场大、利润高，没有实力雄厚的老骨干企业，因此各地、各部门纷纷办厂。（2）多数企业主要靠组装进口部件起步和发展，装配线或关键设备可以进口，降低了进入电冰箱业的技术障碍。此外小批量组装生产电冰箱的投资不太大，地方、部门甚至企业有可能筹资，降低了进入的资金障碍。（3）由于财政、外贸分权和下放投资审批权，各地愿意也能够大办电冰箱厂。（4）由于电冰箱产业适于大批量生产，加上市场竞争激烈，骨干企业生产能力逐渐形成，因此规模经济水平上升较快。

但是要进一步提高电冰箱业的规模经济水平，还必须解决许多问题。突出的问题有两个：（1）必须解决行政分割市场、保护落后的问题。预计到 2000 年，电冰箱市场大约能容纳 20～30 家 MES 企业。电冰箱业的规模经济水平是在需求导向和激烈市场竞争的条件下提高的。随着供求格局变化和竞争激化，一些地区用行政力量分割市场，保护落后生产技术的问题日益突出，成为进一步提高规模经济水平的障碍。（2）必须解决现行的不利于优胜劣汰的电冰箱压缩机分配办法。80年代中期以前，压缩机基本上是各地自行进口，以后要限制进口，统一对电冰箱产业骨干企业分配进口配额和逐渐增加国产压缩机，计划分配参照上年分配额进行。这种做法有利于统一管理，却不利于优胜劣汰，也不利于提高电冰箱和电冰箱压缩机的规模经济水平。

（四）机械装备工业

我国机械装备工业有四个特点：（1）技术进步较快、专业化生产协作重要，提高技术、组织水平不易，但用小而全的办法生产一般机械难度不大；（2）由于发展战略和法制问题，我国既有一批主要靠国家直接投资和支持发展起来的生产工作母机、产业机械和零部件的骨干企业，又有一批一般机械企业。机械装备工业体系条块分割、专业化水平低的问题突出；（3）改革以来，由于多数机械装备行业企业众多，加上产品价格以浮动价和市场价为主，市场竞争激烈，市场调节作用较大；（4）依靠市场机制和政策引导，产品和零部件生产专业化水平已有一定提高。政策引导分两种，一是直接支持、直接引导；二是间接引导，包括信息指导、鼓励发展企业集团、实行增值税等。在机械装备业的多数行业，有一批骨干企业，市场调节面较大，间接引导政策已成为主要的引导政策。机械装备业行业多、差别大，本书仅以一些行业实例说明改革以来机械装备业规模经济、专业化协作发展的一些特点。

在我国，小型柴油机作为动力机械，主要用于农业，市场很大。中国的小型柴油机业主要是靠地方的积极性在60年代中后期以后发展起来的。这个行业的特点是：（1）适宜大批量生产、规模效益明显。（2）由于过去主要靠地方力量发展等历史问题，行业企业多、规模经济水平偏低。小型柴油机（单缸、195型）

的 MES 为年产 5 万～10 万台。近几年，小型柴油机业规模经济水平提高较快，但到 1987 年，全国有小型柴油机生产厂 87 家，年产量 160 多万台，企业平均产量仅 1.8 万台，年产量 5 万～10 万台的不到 5 家，10 万台以上的只有 2～3 家。以 10 万台为 MES 计算，产业的 D 值为 28.5%。（3）改革以来，骨干企业依靠竞争机制、组织企业联合，使产业规模经济和专业化水平有较大提高。如常州柴油机厂 1984 年产量为 8.7 万台，通过组织 15 个乡镇企业进行专业化协作，以后又组织跨 19 个省市、有 119 个单位参加的常柴集团，产量和规模经济水平迅速提高，1987 年产量达 16.3 万台，1988 年达 22 万台（总产量 27 万台）。常柴采取上述做法的主要动机是希望凭借专业化协作分工迅速扩大产能和市场，竞争取胜。一些中小乡镇企业之所以甘当配角，一是为市场竞争所迫，二是与常柴配套能扩大批量、获得规模效益。

车床是最重要的工作母机。我国车床业有下述特点：（1）国家骨干企业和一般企业并存。骨干企业多为 60 年代中后期以前国家重点投资形成的，一般企业多是 60 年代中期以后靠地方、部门力量发展的。（2）车床厂多为全能厂，但车床业具有一定的专业化分工水平，即一般车床厂生产床身、非标准件和非通用件及总装配，专业厂生产通用标准附件、零件和部件（含电器液压件等）。（3）生产一般的车床进入障碍不大，但生产高性能、高质量的车床不容易。车床业产品差别大，随品种不同技术难度从中等到较高。（4）车床业竞争激烈。这与近 10 年一般机械加工业的投资项目较少、进口机床量较大从而加剧国内竞争等有关。而进入国际市场，产品性能价格比要求更高，国际竞争更激烈。（5）车床产品价格实际上已放开。过去按成本加税利的原则由物价部门和主管部门及地方对车床定价，导致优质产品低价、劣质产品高价。实行浮动价和市场价后，企业可以根据本厂产品的市场情况定价。目前的情况是名牌产品高价俏销，劣质产品低价卖不动。（6）由于车床行业是成熟行业，改革以来国家对行业重点骨干企业有些直接支持（特别是出口多的企业），但从总体上看，行业发展的主角已是企业。（7）生产中小型车床存在规模效益，车床业规模经济水平改革以来有所提高。据机电部政策研究所的研究，生产中小型车床的 MES 约为 1200 台，在 1985 年行业 D 值就已达到 58％，车床业规模经济水平提高主要发生在改革以后。之所以能如此，与该行业的技术经济特点有关，也与已有的一批骨干企业能凭借市场机制和政府的一定支持率先发展有关。"六五"期间车床业最大的前 8 家企业的平均产量增加了 1.9 倍，规模经济水平显著提高，同时产量集中度由21% 上升到 37％。

由于历史和体制问题，我国机械装备行业零部件业的专业化和规模经济水平一直不高。但改革以来，一些零部件业的专业化和规模经济水平也有较快发展。有三种情况：（1）主要靠市场机制，即靠市场协调和市场定价发展。这类行业多有一定基础，受进口产品冲击相对较小（但原因可能是多样的）。如河南中原轧辊厂是生产磨粉机轧辊的专业厂，过去该厂什么产品都生产，效益不好；1979 年以后专门生产轧辊，产量上升、品种增加、质量提高；因规模效益成本下降，1980 年轧辊由统一价变为浮动价，该厂多次降价，进一步发挥专业化生产的竞争优势；到 1984年该厂产品被全国 54 家磨粉机厂中的 47 家选用，市场占有率达25%；（2）政府直接指导和企业市场竞争机制相结合。一种基本的结合形式是政府通过定点和项目竞争指标确定支持的对象企业，支持一程后，主要靠企业自己竞争发展，并接受政府指导。如浙江萧山万向节厂，过去什么产品都生产，后来通过国家定点的竞争招标，得到国家的支持，目前该厂的万向节产量已占全国的 1/4～1/3。（3）在竞争位势差距大的新兴零部件业，国家直接投资，支持企业的发展。如无锡微电子厂自"六五"以来，国家重点投资数亿元，目前集成电路产量已达 3000 万块以上，获得规模效益。在零部件专业化和规模经济水平提高的过程中，上述三种情况表明存在这样的对应规律，即随行业的相对基础由强到弱，市场机制直接调节的作用也由强到弱，而国家直接指导和介入的程度则由弱到强。需要指出的是，第三种情况也与改革前的情况有所不同，差异主要表现在两个方面：（1）国家的直接支持只是扶持企业一把，是有时限的；（2）得到国家重点支持的企业，仍然面临国内其他企业，至少是国外企业的竞争。在其他行业（如耐用消费品的零部件行业），我们都可以观察到体现上述对应关系的事实。我们认为这种对应关系反映了我国规模经济和专业化发展过程、发展机制的一些基本特点。

§4.3　我国市场状况与行业规模水平的关系

我国市场状况对我国工业规模水平的影响可归结为以下几点：

1. 中国市场容量大，可以有较高的规模经济水平，同时有充分的竞争，即有实现有效竞争的有利条件。表 4-4 所示部分产品的比较可以证明我们的判断。

表 4-4　中国、美国可以容纳的 MES 企业数

单位：家

国家	棉纺	普通钢材	电冰箱
中国	813	62	25
美国	452	10	7

注：中国为 1995 年产量估计数据和较大的 MES；美国需求量为 1967 年数据，MES 为 1974 年的技术，略大于中国的数据。

资料来源：中国数据为作者估算，美国数据见 M. 谢勒《规模经济和反垄断政策》。

2. 较大的市场容量是工业高规模经济水平的必要条件而非充分条件。即如果市场需求和供给规模很大，但主要靠大量低于规模经济水平的企业供给，产业和市场的规模经济水平仍然不会高。我国的电冰箱、棉纺能力已居世界第一，钢铁供给能力也居世界前列，但如前面案例所述，规模经济水平并不高。

3. 导致上述状况的基本原因是由于市场实际已被行政性的条块分工管理体制所分割。这有历史原因。中国现代工业是靠行政计划体制发展起来的。新中国成立之初，百废待兴，依靠行政计划体制，能迅速动员资源，有其合理和积极的意义。以后，随着经济发展，其弊端日益明显：随着产品和服务多样化及行业分化的大发展，企业日益增加，管理企业的多头、多层的行政管理体系日益复杂，加上政企不分和吃大锅饭，使得巨大的市场被分割，每个地区和部门都有其专门的供给者，每个供给者都有一定的市场。改革以后，传统的体制受到一定冲击，但问题并未真正解决。这除与解决传统体制形成的资源配置格局需要一定的时间、需要配套的改革（如劳动工资制度改革）外，还由于改革之初实行的财政分级包干措施及资金条块行政分配制度加强了地方分割经济和市场的倾向。这样，从需求看，市场容量实际上已被分割缩小。从供给看，高效企业无法自主筹资，即使能得到地方、部门支持，也只能得到有限的资源，因此无法率先发展。这是靠行政体制配置资源的必然结果。

4. 应当承认，尽管存在政策失误，但改革和十余年的经济发展已对行政性的条块分割体制发生巨大冲击。主要表现有：企业改革、计划体制改革、价格改革、流通体制改革已使政府（包括地方政府）直接分割市场的能力大大缩小，加上交通、通讯的发展及各地区生产能力的扩张，地区经济联系和部门的竞争及业务交叉和联系日益普遍。如据四川省政府经济研究中心估算，1987年四川省省际交易额已占全省 GDP 的 41.7%，其中出省额占

22.7％，并且 77.5％为制成品。由于四川是大省，并不太发达，可以判断沿海和中部省市的上述比例将更高。属于不同部门管理的企业业务存在交叉和联系，如轻工部 1988 年推荐的 22 种电冰箱产品至少有 7 家是军工企业所产，有 6 家是集体和乡镇企业所产，还有轻工部、机械部系统的企业。城市工业企业和乡镇企业的联系都日益密切，如 1988 年北京市有为城市工业配套加工的乡镇企业 2200 家，其工业产值占乡镇工业产值的 40％。经济联系日益密切和竞争关系的发展，与政府的支持有关，但主要靠企业协商形成和发展。

5. 由于种种问题，有希望的生长点仍受多种束缚。主要的体制政策性障碍有三个。（1）在财税、信贷、外汇、贸易政策等方面的普遍的差别待遇，限制了骨干企业发展及提高规模经济水平。这种差别待遇政策也是一种行政分割政策。（2）市场公平交易和公平竞争的规则建立滞后，影响形成合理的市场秩序，妨碍企业通过竞争提高规模经济水平。（3）管理政策失误。"六五"期间普遍的重复引进项目是导致企业分散、产业低规模经济水平的重要因素。出现上述情况，与在财税、金融体系未理顺的情况下，不适当地下放项目和进口管理权限有关。

6. 由技术经济组织因素及历史原因形成的市场进入障碍将会因产业而异。因此相同或不相同的体制政策环境对市场状况的影响都将有所不同。（1）技术性的进入障碍不同。如机床业，因为技术较复杂，又有一批较有实力的骨干企业，因此骨干机床厂能较快发展，规模经济和集中度水平明显提高。（2）必要资金带来的进入障碍不同。如地方都支持发展小轧钢和小有色金属冶炼厂，但却很少发展短缺的薄板厂、氧化铝厂，原因是需要的投资额巨大。另外，由于资金市场被分割，骨干的冶金厂也很难通过社会筹资、技术改造来扩大薄板、氧化铝等的生产能力。（3）对现有资源占有的不同状况将影响市场的竞争格局。如大型钢铁企业多数都拥有较大的矿山，而棉纺厂只能靠商业部门供应棉花。这是钢铁业和棉纺业随产业发展集中度都有所下降，但钢铁业规模经济水平上升，棉纺业规模经济水平下降的重要原因。

[注释]

[1] 英文最小有效规模（Minimum Efficent Scale）的缩写。

[2] 美国的情况可见 J.S.Bain，Industrial Organization（2nd edn）Chapt 10，New York：John Wiley，1968。

[3] 日本的情况可见日本教育社出版的《产业系列丛书》有关各册。

[4] 陈小洪，仝月婷.产业规模经济水平的估计方法及对中国工业的初步考察 [J]. 数量技术经济研究，1990（9）.

5 章　中国的市场结构Ⅲ：进入壁垒

所谓进入是指某厂商生产另外某一行业[1]或市场的充分替代品，或者说生产本企业传统产品的零替代品。进入某行业（市场）既可以是成立新的企业，也可以是已存在的企业调整产品结构。然而由一行业转移到某一行业，或新进入某一行业并不是完全自由的。这里存在着妨碍自由、随意进入的障碍。这些妨碍自由进入的因素统称为进入壁垒。进入壁垒的存在和高低是影响行业间竞争的重要因素，是影响资源优化配置的重要障碍。要在我国建立市场经济新体制，促进竞争和存量调整，就必须深入研究我国行业进入壁垒的种类、性质、效应，以及主要工业行业进入壁垒的高低。只有这样，才谈得上制定有效的竞争政策和组织政策，以便切实有效地降低进入壁垒，促进资源在行业间的流动。

§5.1　进入机制和进入壁垒的分类

为了便于分析，让我们从最简单的情形开始，即：（1）不存在任何阻碍进入的因素；（2）有关进入的信息是确定的，不存在信息成本，即厂商确切地知道行业间的收益差别和应该进入什么行业。在这种条件下，厂商对某行业的进入是在确定信息指导下的一种自由进入，进入只存在成本而不存在障碍。对于新企业而言，进入成本就是通常意义的创立成本；而对老企业而言，进入成本不仅包括一部分创立成本（如固定资产投资和聘任新的技术人员），还包括原有厂房设备因不能利用而产生的废弃成本，因产品改变、厂商易名而损失的无形资产（如商誉、商标等），因退出而产生的机会成本。我们把这三项因退出而产生的成本称为退出成本。这样，在最理想的条件下，只有行业进入成本，包括创立成本和退出成本。我们将进入成本、创立成本和退出成本分别记为：C_e、C_b 和 C_d，那么进入某行业 i 的条件是：$R_i > G_{ei}$，即当进入第 i 个行业的收入大于进入成本（含机会成本）时，进入就会发生。由于实际生活中信息是不充分的，从而存在着信息成本（C_i），那么进入成本 $C_e = C_b + C_d + C_i$，这时，也就扩展为：

$$R_i > (C_b + C_d + C_i)\, i$$

然而实际并非这样简单，$R_i > (C_b + C_d + C_i)\, i$ 只是进入的必要条件。能否进入取决于除这些正常的进入成本外，还存在着进入的障碍或壁垒。

所谓进入壁垒，简单地讲，就是妨碍行业进入的因素。更准确地讲，进入壁垒是指利于行业内已存厂商而不利于潜在进入者的因素。这些因素要么使某些潜在进入者根本不能进入（禁止性和限制性进入壁垒）、要么大大地增加新进入者的进入成本和运营成本，从而使新进入者处于竞争不利地位（成本性进入壁垒）。从国外产业组织理论的分类和我国的实际情况看，我国的进入壁垒主要有如下几种：

1. 政策性壁垒：指国家的立法或国家有关机构的政策禁止或限制某些厂商进入一些特定的行业。[2] 如我国禁止除特许以外的企业进入兵器工业，禁止私人企业进入银行业、保险业等。

2. 资源性壁垒：指因资源分布的区域性使某地的厂商因资源无法取得而不能进入该行业。受此类进入壁垒影响的主要是采矿业。

3. 技术性壁垒：指影响潜在进入者进入某一行业的技术性限

制。一些无法取得或掌握的关键技术就成为进入壁垒。这类壁垒多存在于高技术行业，如宇航工业、新兴材料工业。

4. 成本性壁垒：指使潜在进入者增加进入成本和运营成本的因素。例如，已存在企业的商标、信誉所产生的消费者偏好，已存企业与其原材料、能源零部件供应者建立的良好关系，已存企业所实现的规模经济，等等。这些因素使潜在进入者处于一种不利地位，要克服这种不利地位，潜在进入者就必须花费更多的资金，如更多地进行广告宣传，以更优惠（高）的价格从供应商那里取得各类投入品，为实现规模经济多花费的投资和承担因规模增大、产品增加而带来的产品降价的风险。

5. 抵制性壁垒：指已存企业为了抵制潜在进入和现实的进入而采取的不利于进入者的措施，如降价、增加广告宣传等。

这里有必要强调一下进入成本和进入壁垒的区别。进入成本的高低会影响厂商的进入，某些进入壁垒也的确会增加进入成本。但二者确是两个不同的概念。进入成本是指进入的花费，进入壁垒是指限制、影响进入的因素。

§5.2　进入壁垒的效应和壁垒高低的衡量

在不存在信息成本和自由进入的条件下，垄断是不存在的。任何部门、行业利润率一旦超过平均的利润率，就会有若干企业进入这一行业，直到超额利润等于零时为止。所以，自由进入是帕累托最佳资源配置实现的条件。然而，现实生活中这一条件无法得到满足，几乎任何行业都不是自由进入的，再加上信息成本的存在，所以各个行业的利润率存在着很大的差异。同样，现实生活中也不存在着绝对不可进入，也就是不存在无限高的进入壁垒。否则，现实经济生活中的各个部门行业都将是垄断的行业。现实中的资源行业间的转移就是在这两种极端情况之间，即在壁垒高低不一的行业中进行的资源不断再配置的过程。行业进入壁垒越高，进入越困难，进入的厂商也就越少，从而越容易产生垄断。反之，进入壁垒越低，进入越容易，进入的企业也就越多，产生垄断的可能性就较低。显然，进入壁垒的直接效应是限制进入，防碍潜在进入者的竞争。由此直接效应我们可以在理论上推论出进入壁垒的间接效应：（1）影响该行业厂商数目的增加。假定现存企业生产能力的扩张是一个常数，这将会影响该行业供给能力的扩张速度；（2）在第一推论成立的条件下，如果需求的扩张速度不变，那么该行业的价格将会提高；（3）该行业利润率将提高[3]，条件是该行业不存在边际成本递增的问题，或者边际成本增加速度小于价格上升速度；（4）由于进入壁垒限制了潜在竞争者进入，从而减少了行业中厂商的数目，这就提高了这一行业的集中度和增加了该行业的大企业增加市场势力的可能，从而易于形成垄断性的市场结构；（5）上述理论推定的结果倾向于减少社会总福利，因而帕累托最佳状态无法实现。

读者可能已经注意到，我们在分析上述进入壁垒的理论效应时，不仅每一效应的成立都依赖于一定的前提条件，而且也表明它与垄断的关系也只是一种可能的因果关系。因为现代产业组织理论关于市场结构（进入壁垒是刻画市场结构的重要因素）与企业行为、市场结构与企业绩效的理论分析不仅本身歧见很大，而且也没得到实证研究的充分证实。不过笔者认为进入壁垒的效应基本上是不利于资源配置的，当然也有一些例外。特别是某些政策性壁垒是有着某些方面的正效应的。如关于某些行业最低进入规模的政策就有利于提高规模经济水平和提高资源利用效率；某些禁止性进入政策，如兵器工业、银行业的限制进入，有利于社会的稳定和国家对经济命脉的控制。

与此同时，我国最不利于资源优化配置的进入壁垒也是一些政策性壁垒，特别是因实行"条块"管理体制而对行业进入的限制。不仅生产性部门间的资源转移受到限制，而且流通性行业进入限制也很多。商业与物资分设，经营生活资料的不准进入物资流通行业（目前这种状况有了较大程度的改变）；内贸与外贸分割，国内流通企业不得进入国际贸易行业。特别是当"进入"是跨地区时，如到异地办厂，异地间的跨行业兼并等，政策性限制更多。这些政策性壁垒，严重限制了资源在行业间和地区间的流动，是产业结构、地区结构失调的重要原因。

在分析了进入壁垒的经济效应后，我们现在考察进入壁垒这一可以感受到的理论概念的数值化问题。测量行业壁垒绝对高度（基数高度）的现有理论方法是：

$$B_i = P_i - \overline{C_i}$$

其中，B_i 是第 i 个行业壁垒的高度；P_i 是该行业产品的价格；$\overline{C_i}$ 是该行业的平均成本。

此式实际上是用行业利润率来计量行业壁垒高度，行业利润率高的，进入壁垒也高，反之亦然。说它是一种理论方法，是因为它是以进入壁垒妨碍竞争、导向垄断这一理论推论为基础的。既然高壁垒会带来高度垄断，而高度垄断又会产生高利润，那么反过来可推论高利润率的行业是高垄断的行业，从而也是高进入壁垒的行业。然而这种计量进入壁垒高度的理论方法存在着很多问题：（1）高壁垒—高垄断—高利润这一理论推论的反推论并不总是成立的。主要是为这一理论上的正推论在形式逻辑上并不是周延的。也就是说，并不是所有高壁垒的行业都是高垄断的（譬如一个行业存在着三个大垄断企业——寡头垄断，它们之间也可以是一种激烈的竞争关系，也可能是一种勾结关系），高垄断的行业也并非利润率都是高的。所以，这一推论的反论的可靠性不是很高的。（2）现实生活中，利润率高低是多种因素作用的结果，这里既有市场结构方面的因素（如进入壁垒），更多地是企业行为方面的因素，如企业创新、宣传等，也有国家控制的因素。不仅我国对许多部门、行业实行国家直接定价，如铁路运价、石油价格等，西方国家对属于自然性垄断的一些公共部门也实行程度不等的价格控制，这些部门进入壁垒是很高的，如电话业，但利润率不是很高。再如，在我国的工业部门中，石油工业（主要是勘探和开采业）进入壁垒恐怕是最高的，但其行业利润率几乎是零（1989 年石油和天然气开采业资金利税率是 0.23%，产值利税率是 0.38%，而销售利润率为 −10.74%）。总之，利润率方法比较适合完全的市场经济环境，国家干预的程度越高，它的适用性就越弱。

相对而言，衡量行业壁垒的序数高度（即比较一些行业壁垒孰高孰低，而不是赋予一定确定的壁垒高度值）较为容易。从发生学的角度看，衡量行业壁垒序数的方法笔者认为有这样两个：

1. 企业数目法，即根据行业内企业数目的多少来确定不同行业壁垒的高低。企业数量少的行业可能进入壁垒较高，反之，企业数量众多的行业壁垒可能就较低。这一衡量方法的理论基础是进入壁垒的直接效应，即进入壁垒限制企业的进入。那么，直接效应的反推论是企业数业目越少，行业的壁垒可能就较高，从理论上看，企业数目法比利润率法更为可靠，因为后者是以进入壁垒的间接效应为基础的。但是企业数目法的缺陷也非常明显，因为行业中企业数目的多少直接取决于行业划分标准的确定。如果某一行业在统计上分为两个行业，那么它的企业数目将比原来大为减少，但进入壁垒并无任何变化，所以，企业数目法运用的条件是行业划分合理、稳定。在分析某一行业进入壁垒的时间序列的变化时，运用这一方法最为可靠。

2. 企业规模比重法，即根据大、中、小型企业分别占该行业全部企业数的比重来确定行业进入壁垒的高低。这一方法的理论基础也是进入壁垒的直接效应，只不过是更加强调进入壁垒对小企业进入的阻碍作用。另外，它排除了上述企业数目法的最大弊端，即企业数目因行业大小、行业划分粗细而变得有缺陷。笔者认为，与利润法和企业数目法相比，企业规模比重法是更为可靠、更为可取的衡量进入壁垒高低的方法。在下文具体比较我国主要工业行业的进入壁垒时，我们主要是采用这一方法。

§5.3 我国主要工业行业进入壁垒的比较

比较行业进入壁垒高低的前提，是确定和稳定的行业划分。在这里行业的理论定义是难以应用的，只能借助于各国统计机构的行业标准。[4] 按照国家统计局的行业标准，我国工业划分为14个部门和40个大行业。笔者以企业规模比重法为主，参考企业数目法和利润法列出了我国行业进入壁垒从高到低的排序（见表5-1），并对美国制造业进入壁垒情况进行了分类比较（见表5-2）。

表5-1　1989年我国主要工业行业进入壁垒排序

序号	行业名称	大企业比重 /%*	序号	企业数目（家）	序号	销售利税率 /%	序号
一	偏高进入壁垒行业	（14.71）		（2350）		（18.62）a（22.54）b	
1	石油、天然气采选业	58.07	1	31	2	0.59	39
2	烟草加工业	33.44	2	311	3	54.96	1
3	化学纤维工业	16.98	3	518	4	17.31	10
4	黑色冶金工业	10.09	5	3352	14	19.77	6
5	木材及竹材采选业	14.94	4	1105	7	18.79	8

序号	行业名称	大企业比重 /%*	序号	企业数目（家）	序号	销售利税率 /%	序号
6	电子及通讯设备制造业	7.62	7	4407	19	12.00	25
7	采盐业	7.16	8	628	5	28.84	2
8	有色金属冶炼及压延业	6.15	9	2373	10	17.00	11
9	石油加工业	5.98	10	768	6	23.33	6
10	有色金属矿采选业	5.79	11	2434	11	18.90	7
11	煤炭采选业	5.65	12	9327	22	−2.53	40
12	医药工业	4.65	15	2948	12	14.48	19
二	中等进入壁垒行业	（3.15）		（14983）$_c$（12842）$_d$		（14.77）	
13	橡胶制品业	5.14	13	3768	16	16.71	12
14	纺织工业	7.87	6	24760	36	10.70	29
15	交通运输设备制造业	4.69	14	10619	26	11.18	28
16	仪器仪表及其他计量器具制造业	3.71	17	3478	15	16.02	16
17	化学工业	3.49	18	18941	35	16.68	13
18	黑色金属矿采选业	3.25	19	1260	8	15.74	17
19	电力、蒸汽、热水生产和供应	3.01	20	11372	30	26.79	3

5 章　中国的市场结构Ⅲ：进入壁垒

序号	行业名称	大企业比重 /%*	序号	企业数目（家）	序号	销售利税率 /%	序号
20	机械工业	4.14	16	42816	39	12.18	24
21	电气机械及器材制造业	2.82	21	14293	34	13.62	20
22	炼焦、煤气及煤制品业	1.91	22	2256	9	3.76	38
23	造纸及纸制品业	1.73	23	10532	25	13.21	22
24	建材、其他矿物制品业	1.39	24	54901	40	13.28	21
25	工艺美术制品业	0.96	27	10651	27	11.36	27
26	其他矿采选业	0.0	40	25	1	25.0	5
三	偏低进入壁垒行业	（0.67）		（12743）		（11.04）	
27	文教及体育用品制造业	1.17	25	3871	17	13.21	22
28	自来水生产和供应业	1.01	26	3166	13	16.08	15
29	木材加工及竹、草等编制业	0.94	28	10816	29	8.77	33
30	饮料制造业	0.86	29	13591	31	17.38	9
31	皮革、毛皮制品业	0.78	30	7761	21	6.12	36
32	食品制造业	0.74	31	41431	38	7.29	35

结构与行为：中国产业组织研究（校订本）

序号	行业名称	大企业比重 /%*	序号	企业数目（家）	序号	销售利税率 /%	序号
33	建材及其他非金属矿采选业	0.72	32	9942	23	16.41	14
34	金属制品业	0.65	33	29160	37	11.90	26
35	其他工业	0.64	34	5605	20	9.97	30
36	印刷业	0.60	35	10790	28	15.15	18
37	缝纫业	0.59	36	13701	32	8.95	32
38	塑料制品业	0.47	37	14293	33	9.73	31
39	家具制造业	0.20	38	10248	*24*	8.30	34
40	饲料工业	0.0	39	4032	18	5.25	37

注：* 笔者采取的大企业标准是就业人员 1000 人以上，小企业指就业人员 100 人以下，中等企业就业人员为 100～1000 人。

a：进入壁垒偏高行业含石油、天然气采选业和煤炭开采业的平均利税率。

b：进入壁垒偏高行业不含上述两个行业的平均利税率。

c：进入壁垒中等行业含机械工业的平均行业企业数。

d：进入壁垒中等行业不含机械工业的行业平均企业数。

资料来源：根据《中国工业经济统计年鉴》（1990）有关资料计算。

表 5-2 美国制造业行业进入壁垒情况

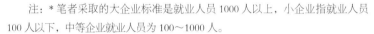

高进入壁垒行业	蒸溜液制造	汽车制造业	复印机制造业
	木浆制造	航空器及零件制造业	重型电力设备制造业
	报纸印刷发行	胶卷制造业	电灯制造业
	麻醉物品制造	钢铁业	通信设备制造业
	肥皂制造	铜冶炼及制品	造船业
	炸药制造	拖拉机制造	机车制造业
	玻璃及制品	计算机制造业	

中等偏上进入壁垒行业	谷类食物	金属罐制造	合成橡胶
	糖制品	打字机	厕所卫生设备
	软饮料	书籍	肥料
	香烟	煤制气	石油炼制
	造纸	有机化工	线材和管材
	石膏制品	无机化工	铝制品
	重型工业设备	大型家用器具	
低进入壁垒行业	肉食加工	服装业	印刷业
	面粉业	小型金属制品	制鞋业
	罐头制品	普通建筑用料	水泥业
	棉纺与毛纺业	木制家俱	铸造业

资料来源：W. 谢佩德著《产业组织经济学》，Prentice-HaLL 出版公司，参见表10-7。

从表5-1我们可以看到，我国进入壁垒偏高的部门多为采掘、原材料工业和某些技术要求较高的制造品生产。石油、天然气采选业是这类行业的代表。该行业全国只有31家企业，是企业数目最小的行业之一，但其集中度非常高，大企业所占比重高达58.07％。烟草加工业和化学纤维工业是高进入壁垒行业的制造业代表。它们的特点：（1）行业利税率较高（烟草加工业销售利税率排名第1，化学纤维工业排名第10）；（2）企业数目较少（分别排名第3、第4位），是进入壁垒直接效应和间接效应的充分表现。这两个行业成为制造业中壁垒最高的行业意味着：（1）这两个行业进入的政策难度较大；（2）规模经济较高。另外，对于作为消费品生产部门的烟草工业，它具有很强的消费者偏好，从而对潜在进入者形成很大压力。

而进入壁垒偏低的部门多为技术简单、平均规模较低和市场广阔的制造部门，如饲料工业、家具制造业、塑料制品业、缝纫业、金属制品业、食品和饮料制造业。这些行业大都是行业内企业数目众多，利润率偏低。

与表 5-2 相比，中、美两国的高进入壁垒行业差别较大，而低壁垒行业极为相似。与我国高进入壁垒行业多为采掘和原材料工业不同，美国的高进入壁垒部门多为一些制造业，如汽车制造、航空器及零件制造业、计算机制造业和复印机制造业、造船业和重型电力设备制造业。这一高进入壁垒行业上的差别，意味着：（1）我国工业结构高度化低于美国，与第 2 次、第 3 次科技革命相适应的一些制造业，如汽车制造业、造船业、电子工业还处在较低发展阶段上；（2）我国制造业组织结构、规模结构不合理，"小而全""大而全"现象严重。

另外，从表 5-1 可以看到，尽管 40 个行业进入壁垒的具体序号还有某种主观性，还有进一步调整的余地，但总的来看，以企业规模比重法为主，参考行业企业数目和行业利税率确定行业进入壁垒相对高度的方法是可行的。（1）从行业企业数目平均值来看，高进入壁垒行业平均为 2350 家，大大低于后两类行业的企业平均数目。（2）高进入壁垒行业平均利税率高于中等进入壁垒行业的平均利税率，而后者又高于低进入壁垒行业的平均利税率。

这两点又意味着，（1）衡量进入壁垒的三种方法在我们的排序中在平均水平上是统一的；（2）这一结果均符合进入壁垒的直接和间接的理论效应分析。

§5.4　确立适合我国国情的竞争政策

建立国家宏观指导下的由市场配置资源的新经济体制和实现我国规模结构和组织结构的合理化，是我们国家改革与发展的两项重要任务，我国的竞争政策必须有利于促进这两项任务的实现。这就需要一方面降低和消除妨碍资源部门间移动的障碍，鼓励新企业的进入和长线行业的转产。另一方面要提高我国规模经济水平，防止低水平过度竞争。要实现这一目标，需要做到：

1. 在思想上既要相信市场在计划的指导下有能力配置好资源，我国竞争政策的主导方向是消除、降低不利于市场发挥作用的壁垒，特别是一些不合理的政策性壁垒，同时又要防止形成市场"幻觉"，误认为市场是万能的，从而要在某些部门、行业制定合理的进入限制，以消除过度竞争，提高规模经济水平。

2. 将我国的工业行业划分为不准进入、限制进入和鼓励进入三类，分别实施不同的竞争政策。对关系国家安全的兵器工业、宇航工业、原子能工业，除特许企业外，不准其他企业进入。但已进入企业之间应开展、鼓励正常的竞争。对一些规模经济明显的装置型工业，如化学纤维工业、化肥工业，应制定相应的进入规模标准。对金融业则制定明确和严格的进入资格标准。对于大部分竞争性部门，则实行鼓励进入的政策，消除一切不合理的政策限制，鼓励企业的横向、纵向和混向兼并，鼓励企业的多种经营，鼓励长线行业的存量调整。

3. 大力发展信息咨询业，降低企业调整产品结构、转产或兼并其他企业的信息成本。

4. 大力发展科学技术转让市场和金融市场，提高企业进入新行业的技术能力和融资能力。

5. 彻底打破条块分割的管理体制，包括与此相应的税收制度、统计制度、劳动制度、户籍制度。鼓励企业在部门间、地区间的进入，增强资源部门间、行业间、地区间的合理流动性。

[注释]
[1] 所谓行业是指一组其产品或劳务有紧密替代关系的厂商的集

合。行业划分之关键是替代度的高低。替代度越高，行业越小，行业划分越细。而在产业组织理论中，行业这一概念与市场概念基本上是通用的。当厂商间的产品具有充分替代关系时，它们的产品处在同一市场上。

[2] 笔者进行了一项问卷调查。其中一项问题是：您认为妨碍您的企业进入新行业的障碍是什么？在回答此项问题的213家企业中，37.6%的人认为是资金不足，35.2%的人认为是政策限制，22.4%的人认为是技术差异，4.7%的人认为是风险因素。

[3] 主流产业组织理论是认为高进入壁垒与高利润率存在着正相关关系的。如 W. 谢佩德研究了1960—1966 年 245 个大公司的利润率，发现利润率与高进入壁垒的回归系数为 2.45，与中等进入壁垒的回归系数为 1.55。可参见 W·sheperd.The Treatment of Market Power[M]. Columbia University Press，1975。

[4] 各国的行业划分标准差异很大。如美国产业划分为 11 个部门（Division）和 99 个大行业（Major Group）。在制造业和矿业（Division）中共有 15 个大行业，400 多个小行业。英国工业分类则有 10 个部门，60 个大行业（Glass），222 个小行业（Group）。

6章　中国企业行为Ⅰ：理论框架

企业行为是产业组织理论的重要研究内容，也是本书的重要组成部分。本章首先从产权结构与规模结构两方面构筑一个企业行为的理论框架，下章将对其进行实证分析。

§6.1　决定企业行为的基本因素及现代经济学对企业行为的一般分析

（一）企业行为的制约因素

企业行为是指企业在特定的经济环境中，为了实现自身的经济利益而对外部经济信号作出的经常性和规范性的反应。同任何经济主体的行为一样，企业行为的发动需要满足以下三个条件，或者说企业行为受以下三个基本因素的制约。

1. 利益及当事人之间的利益关系。企业从事一定的活动总是出于一定的目的，或为了满足一定的利益，如扩大生产规模，增加职工收入，提高企业盈利等，甚至也可以是为了完成某一政治性任务。总之，企业要发生行为，首先要有一定的利益动机，缺少这一动力机制，企业对外部信号就不会作出或不愿作出反应。而且，企业并不是一个利益单体。企业是由不同的当事人组成的，并形成了各个不同的层次。这些层次之间的利益虽然有一致的方面，但又不尽一致。决定企业行为的主导利益就是这些不尽相同、有所摩擦的利益多元集合、定向而成的。主导利益的方向和强度决定于多元利益的差异程度及结合方式。

2. 权力。对外部信号作出反应必须具备相应的权力，否则，即便企业愿意有所作为，也可能由于缺乏权力而不能为。同时，企业反馈行为的速度、强度也取决于企业所拥有权力的大小。企业主导权力，一般说来，是所有者的权力。但是，在现代企业内部，由于所有权的多元性和所有权与经营权的分离，非所有者权力也在一定程度上制约着企业的行为。

3. 信息。如果说利益因素使企业愿意有所作为，权力因素也使企业能够有所作为的话，那么信息因素则可决定企业如何行动，也就是说，企业行为的方向是由信息给出的。在满足利益与权力因素的条件下，企业能否对外部环境作出反应、反应速度如何完全取决于能否得到事件变动的信息以及信息接收的速度。

这里虽然把制约企业行为的因素抽象为三大因素，然而这三大因素的具体内容和量度却取决于经济体制。由于任何企业的生产、交换、分配和投资活动都是在一定的经济体制下进行的，所以，经济体制不能不影响着企业行为的类型。经济体制这一环境对企业行为的影响可从以下两个方面去说明：

1. 经济体制决定着信息、权力和利益的形式与内容。比如在传统经济体制下，信息采取了计划指令的形式，经营权则集中到国家及其具体机构手里，企业几乎不具有独立的利益。这些具体规定显然必将影响全民企业的行为。在经济体制改革中，三大因素的内容发生了许多变化，如企业有了自主权和相对独立的利益，以及企业可以影响价格的变动，正是这些变化促使企业行为出现了变动。随着市场经济体制的建立，决定企业行为的信息形式、企业权力和行为动机将会发生更进一步的变化。

2. 经济体制决定着企业间的相互关系，而企业之间的相互关系即市场类型，也决定着企业的行为。在企业之间存在着充分竞争的条件下，企业为了避免在竞争中失败，就会在生产、分配和投资行为上采取大大不同于企业之间和平共处条件下的企业行为，也不同于完全垄断下的企业行为。如果说所有制内部结构是决定企业行为类型的内因的话，那么，市场的类型则是决定企业行为的外部环境。我们之所以要在本章第3节和第4节分析企业规模对企业行为的影响，也主要是基于这一考虑。

（二）现代经济学对企业行为的若干分析

西方经济学者对企业（厂商）行为研究可分为正统分析与制度分析两大流派。

正统的行为分析始于亚当·斯密的"经济人"假定。这种行为分析假定厂商的行为是使自己的收益最大，消费者的行为则是在既定收入下使自己的消费需要得到最大满足。[1] 这种建立在"经济人"假定上的行为，可抽象为一般的可确认的关系，其数学公式如下：

$$X_d = a_o + a \cdot p$$
$$M_{ui} = M_{uj}$$
$$X_S = \beta_O + \beta \cdot p$$
$$M_R = M_C$$
$$X_d = X_s$$
$$\frac{\overline{P}}{u} > \to max$$

其中，X_d、X_S 分别为某一商品的需求量与供给量；P 是商品价格；M_R、M_C、M_u 分别为边际收益、边际成本、边际效用；M_{ui} 和 M_{uj} 分别为第 i 种和第 j 种商品的效用；$\overline{P}$ 为利润；u 为效用；a_o、a、β_o、β 是由经济过程决定的参数。

可以说，整个西方正统经济学的分析，包括政府干预政策的制定，都是建立在这种"经济人"合理行为假定之上的。市场运行过程也就是厂商与消费者在价格信号指导下，调整其供给与需求的行为过程。

随着资本主义从自由竞争向垄断阶段的转变，以自由竞争为核心的传统市场运行机制发生了变化，如价格的变动不一定引起供给的反应（如高价和人为的稀缺并存）。与此相应，厂商行为也在某种程度上发生变异。企业行为这一转变，在理论上的表现就是作为"异端"的制度学派行为分析的崛起。

从 20 世纪 30 年代起，制度学派的贝利（Berle）、米恩斯（Means）和艾尔斯（Ayres）等人从财产结构的影响角度分析了公司行为的变化，认为财产所有权与经营权在公司内部的分离以及这一分离在管理机构上的表现使得公司行为发生变异，即经营者的目标不再是最大利润，而是公司的稳定与发展。加尔布雷思在他的《新工业国》中又将这种行为分析做了系统的发挥。他从生产的主要要素转变的科学技术出发（据称主要生产要素的转化链是劳动—资本—科技），认为股份公司中的权力结构已发生了相应变化，技术结构阶层成为新工业国中的决策者。由于他们的收入主要是薪水与奖金，而非股息，因而由他们决策的行为在以下几方面发生了变化：（1）生产行为。不是追求最大利润而是以有限利润为目标。谋求企业的稳定与增长。（2）积累行为。尽量依赖企业内部积累，减少对银行的依赖。（3）分配行为。倾向于减少股息、红利的份额，提高未分配收入的比重。（4）交换行为。不是消费者主权，而是力图实现生产者主权。

显然，企业行为这一变异不能不影响市场机制的作用。例如，生产行为这一改变在某种程度上减弱了企业对价格变动与利率变动的感受强度和反馈速度：价格提高，垄断企业为保持人为的稀缺，并不一定增加供给，这种情况在易于形成垄断的矿产业更为明显；利率降低，企业不一定增加对贷款的需求，利率提高也不一定能够抑制企业投资规模，因为企业对银行的依赖程度降低，更多地依靠内部积累，这就使得西方国家的货币政策的作用受到影响，从而使通过货币供应量和利率变动调控经济活动的机制运转不良。这样，传统的市场运行机制就会因企业行为的改变而部分失灵，市场经济实现功能自我耦合的链条就会中断。需要指出的是，加尔布雷斯等人的分析，除去忽视了资本家对剩余价值的无限追求外，从理论上和实际上也还有其他一些值得讨论的地方。下一节，我们将结合私人股份制企业的行为，予以较详细的分析。

§6.2　产权结构对企业行为的影响

（一）所有制内部结构与企业行为

虽然可以把制约企业行为的因素概括为三大因素，但是，三因素的内容、量度，尤其是利益与权力的大小以及内部结构却由更深层的因素来决定，这就是所有制内部结构。

所有制内部结构是指一定形式的所有制内部所有者、经营者和劳动者之间相互的利益和权力的关系。任何企业，大到现代股份公司，小到家庭生产单位。总是由所有者、经营者与劳动者所组成，所不同的只是所有者、经营者、劳动者之间的合一程度。就个体工商者来说，所有者、经营者和劳动者三元主体高度合一；就现代股份公司来说，则是三元主体的彻底分离。在这两极之间，还有若干中间形式，使所有者、劳动者、经营者的结合呈现出多样化的格局。

企业内部不仅存在着分离程度不一的所有者、经营者和劳动者，更重要的是，这三种不同的经济主体的利益指向和权力形式也是不同的。

就所有者而言，他的利益指向或行为动机是利润的增加和财产的增值，同时所有者地位赋予了他决定企业经营大政方针的权力。显然，所有者的利益和权力在合成决定企业行为的主导利益和主导权力中起着主要的作用。

就经营者而言，他的利益指向一般说来是经营规模的扩大和由此而带来的薪水的增加。由于所有者把日常管理权交给了经营者，所以，企业经营者阶层的利益和权力对于企业行为也有很大的影响。

就劳动者来说，他的利益指向是工资增加，这是一个制约所有者利润增加的因素。同时，现代政治制度赋予了工人有较大的谈判能力，他们可以用某些形式左右所有者和经营者的权力，所以劳动者的利益和权力也是制约企业行为的重要因素。

企业行为的类型就取决于上述这些不同的利益指向和权力形式合成的主导利益与主导权力。而企业利益与权力结合格局又取决于由所有制形式不同而形成的所有者、经营者、劳动者的不同分离程度和相互关系。现将所有制与企业行为的传导机制如图6-1所示。

图6-1 所有制与企业行为的传导机制

（二）所有制形式的历史演进与企业行为类型的演化

这里对所有制内部结构与企业行为类型的分析，并不仅是一种逻辑的推演，而是对社会经济史中所有制形式与企业行为演进过程的概括，是历史方法与逻辑方法的统一。

让我们先从所有者、经营者和劳动者高度统一的个体所有制开始，这既是逻辑的起点，也是私有财产史的历史起点。

个体所有制内部结构的基本特征是所有者、经营者和劳动者的合一，个体财产的所有者既是直接经营者，也是劳动者。这种完全合一的"三位一体"结构，保证了企业经营目标的高度一致和协调。资产的增值是所有者资产增值，也是劳动者收入的增加；消费的增加是劳动者生活水平的提高，也是所有者与经营者生活水平的提高。所以，在这里，盈利是用于积累还是消费，不存在所有者、经营者与劳动者选择的摩擦，唯一需要选择的是"三合一"主体对现期消费与将来消费的权衡；边际资产生产力与边际消费效用的均衡点，就是企业内部"三合一"主体对净产值分配行为的选择，如图6-2所示。

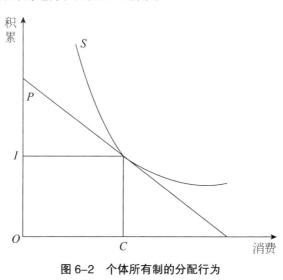

图6-2　个体所有制的分配行为

其中，S 是重合的所有者、经营者和劳动者积累与消费效用替代曲线；P 是预算约束线（净产值）；OI 与 OC 分别是 S 与 P 相切时的积累额与消费额。

在个体所有制下，劳动者本身也就是所有者与经营者，所以企业行为目标，一般说来就是盈利的增加和资产的增值。盈利要增加，就必须进行积累和必要的技术创新。总的来看，个体所有制下的"三位一体"结构，决定了个体所有制企业内部利益的协调性和行为目标的一致性。正是由于具有这些特点，个体所有制"才得到充分发展，才显示出它的全部力量，才获得适当的典型的形式"。[2]

但是，个体所有制是以一家一户这种较小的生产规模和生产资料的极度分散为前提的。正像马克思指出的：“它既排斥生产资料的积聚，也排斥协作，排斥同一生产过程内部的分工，排斥社会对自然的统治和支配，排斥社会生产力的自由发展。”[3] 从这方面看，这种所有制不适应社会生产力的发展。其主要表现在两个方面：其一，排斥劳动力的流入。所有者与劳动者的合一完全排除了没有资产的纯粹劳动力的流入，结果使劳动规模变小，无力促进分工与协作。其二，排斥资金的流入。由于要求资金的所有者必须也是劳动者，这必然使资金的流入受到极大限制，使经营规模不能迅速扩大。所以，从社会总体上看，随着社会的发展，这种高度封闭的个体所有制肯定是被排斥的。所有者、经营者与劳动者合一的所有制结构必然会被所有者、经营者与劳动者分离的古典私有制产权结构所代替。

在这种新的所有制下，一极是生产资料所有者——同时也是经营者，一极是只占有劳动资源的劳动者。由所有者、经营者和劳动者"三合一"到所有者与劳动者二元对立的结构的转变，必然会使企业行为出现新的特点：（1）协调的利益结构转化为对抗的利益结构，从而出现了制约企业分配行为的利益结构，但由于经营者也是企业的所有者，主导的利益仍是资产利益，企业的分配行为也主要决定于资产利益；（2）由于经营者本身就是所有者，所以，企业行为的目标必然仍是盈利的增加与资产的增值，所不同的是企业这一增值行为目标开始受到雇佣工人增加工资目标的牵制。

随着生产力的发展，这种所有者与经营者高度合一的古典资本家所有制日益不适应社会化大生产的要求。（1）生产的社会化要求资金筹集的社会化，这种单一所有者结构无力做到这一点；（2）生产过程日益复杂化和科学化，需要有一个专门的经营者阶层来承担经营管理的任务，加之日益强烈的分散风险的要求，终于使这种所有者与经营者合一的古典资本所有制被所有者与经营者分离的股份制代替。

在以股东、经理和工人三元利益结构为特征的股份制下，不仅存在着所有者和经营者与劳动者的分离，而且还存在着所有者之间以及它与经营者之间的分离，后一种分离有两层意义：（1）所有者的多元化；（2）专业化的经理阶层的产生。

股份公司出现后所导致的企业利益结构的"三元化"，在一定程度上影响到企业的行为，使企业行为在资本主义私有制下与前相比发生了很大变化。西方的制度学派，特别是加尔布雷思在他的《新工业国》中将这种行为的分析做了系统的发挥（参见本章第1节的有关部分）。但从企业行为理论研究的角度看，他们的分析未免失之笼统。（1）这种以所有者与经营者完全分离为前提的行为模型，只是股份企业行为的一种特殊类型。除这一经理主导类型外，从理论上说起码还有另外两类，一类是所有者与经营者分离，但经营者受垄断大股东支配的大股东主导类型；另一类是所有者与经营者分离，而经营者受分散股东支配的分散股东主导类型。（2）不仅从内部利益结构角度看，这类经理主导型股份企业行为并不象加尔布雷思等人所形容的那样，经理主导型丧失了对资本增值的追求，而且，外在竞争环境的压力，也迫使经理把企业的盈利作为基本的目标。对此，专门研究市场组织结构的美国经济学家谢佩德曾经说过："至于所谓股份公司的新性质，基本上是一种神话，商业压力仍然广泛存在，甚至比过去更加强烈，作为经理人员的主要动机，也是董事会所要求他们做的，是使股票有一个好的价格，一个公司的普通股票的现行市场价格，是公司业务活动的最高指标。"[4]美国主流经济学家萨缪尔森也在其《经济学》中，以讽刺的笔调表达了同样的观点。[5]

分散股东主导型股份企业，基本上仅有理论上的意义，实践中并不多见。这是因为，这种类型存在的两个条件即股权完全散布于小股东手中和经理完全听命于分散的股东，两个条件都不易满足。假定这两个条件满足后，变化最大的可能是它的分配行为。众多的小股东由于考虑到前景的不确定，会更多地倾向于减少内部积累，而增加红利的比重。就它的生产行为来看，恐怕会倾斜于利润较高的商品，生产的时间视野（Time Horizen）也比较短。

总的来看，制度学派的管理人员主导型和分散股东主导型大都只有理论上的意义，实际存在的基本是大股东主导型的股份公司，以及它的种种变态形式。对大多数股份公司来说，利润无论是作为企业增长的手段还是作为红利的基础，都是股东和经理要追求的目标。所有权与经营权的分离，虽然使经营者有了自身相对独立的特殊目标，从而也影响着企业的行为，但无论是服从于压力，还是从竞争环境出发，由经理管理着的企业行为仍然会是追求利润的增长与资产规模的扩大（请见第2章有关企业目标的分析）。

现在来看一下在社会主义条件下国家所有制的内部结构。

从理论上讲，国家只是代表全体人民占有生产资料，劳动者也是所有者，由国家委派的管理者也是劳动者，进而是所有者的一员，从而保持了一种所有者、经营者、劳动者统一的利益结构，但是实际上却并非这么和谐，最根本的问题是国家所有制内部存在着劳动者既是所有者又不是所有者的矛盾，即劳动者作为一个总体是所有者，而作为个人又不是所有者。正是这一矛盾决定了劳动者的所有权有如下几个特点：（1）产权在法律上是明确的，但经济上难以充分实现；（2）财产所有权是间接的，即通过国家实现的；（3）劳动者作为所有者的情感较为淡化，对具体的劳动者来说，他的行为一般不是从所有者角度出发，而是从劳动者角度出发的。由于国家已成为实际上的所有者以及劳动者与所有权的上述关系，于是国家所有制内部产生了这样的组织结构：国家是所有者，国家的各级行政机构及其派出代表是经营者，职工是具有生产资料使用权的劳动者，而其中所有者与经营者又是高度合一（政企不分）。这种内部结构是产生不同类型国有企业行为的内因。

国家直接控制企业的外部体制和所有者与经营者高度合一的内部结构，形成传统经济体制下的企业行为有以下特点：

1. 企业没有或基本没有独立的经济利益。盈利全部上交国家，供销全部由国家承担，工资由国家统一规定，经济核算与其说是计算盈利，不如说是计划工具。库存增减、价格变动不影响企业职工的利益。企业独立经济利益的丧失，使它对生产是否满足需要、技术是否先进、生产要素结合是否优化等缺乏必要的关心。为了弥补企业内在动力的丧失，国家采取下达指令性计划的强制方法。但外在强制毕竟不能完全替代内在的动力，正是由于贯彻计划的困难才迫使国家在某种程度上承认企业有相对独立的经济利益，即通过奖励基金或利润留成与计划完成状况的某种联系来刺激企业完成国家计划。然而，这种刺激手段的运用并不能改变企业因内在利益丧失而引起的消极行为。独立经济利益的丧失，使企业行为基本上成为一种被动型行为。

2. 从企业权力看，由于企业只是社会大工厂的一个生产单位，并不具有独立经营、自主生产的权力。企业无权对市场的价格变动作出反应，更无权变更不合实际的计划，无权决定产品的价格，无权选择投入的生产要素。企业所具有的一点权力只是利用国家拨给的生产资料和分配给自己的职工，生产国家计划规定的产品。在这种权力结构下，企业行为只能是一种服从型行为。

3. 从信息来源看，企业生产什么、生产多少完全取决于国家计划，计划是指导企业行为的唯一信息源。这种信息流动方式，只有在指令单一时，才能避免市场信息的不确定与多变性特点。一旦上级机关为了多方约束企业的行为而下达多种指令时，指令之间往往互相冲突，企业往往是无所适从，或者自动地趋利避害。这时，不仅集中管理体制下信息传递固有的弊病——传递层次多、信息反馈慢、信息质量低和传递成本高仍然存在，而且计划本身应有的长处也往往因多头下达指标而丧失。这样的信息传递机制决定了企业行为不能不是一种呆滞型行为。

在上述企业行为的支配下，企业既缺乏强烈的创新动机和内在的积累欲望，也缺乏采取合理行为的权力。这是国有企业缺乏活力的根本原因。

下面分析集体所有制的内部结构。

集体所有制有两个亚类。第一亚类是诸社会主义国家曾一度盛行的农村集体所有制（简称集体制）[6]，第二亚类是以前南斯拉夫社会所有制为代表的集团所有制（简称集团制）。

集体制在农村首先是一种地缘所有制，凡是在一个自然村落中居住的人口，无论是劳动力还是非劳动力（以取得户口为起点）都自然地成为这一村落（社队）所拥有的生产资料的共同所有者。[7] 一旦由于某种原因如升学、参军、出嫁、死亡等而离开这一村落（以销除户口为终点），也就自然地失去了对该村落原来拥有的生产资料所有权。非劳动人口也是生产资料所有者，这一点是集体制的首要特征，也是与集团制的首要区别。

集体制的第二个特征是劳动者与所有者的不明确的统一。每一个劳动者都是他们共同使用的生产资料的共同所有者，但就劳动者相互之间来说，他们之间任何一个又都不是所有者；因为他们的所有权既是非个人的，又是无差异的。在这里，所有权的实现不是取得一份独立的资产红利，而是参加劳动的资格和参加劳动分红的权利。所以，就劳动者个人来说，所有权也有不够明确的一面。

集体制的第三个特征是管理者和劳动者的统一。在这里，管理人员不是一个独立的阶层。无论从他们的收入形式，还是从他们的就职与离职的形式看，管理者本身就是劳动者。

集体制内部结构的这几个特征，决定了集体制企业行为有以下特点：

1. 集体企业的行为具有明显的封闭性，特别是排斥劳动力的流入，因为劳动力的流入是与所有者的增加联系在一起的。随着劳动力的流入，人均占有的生产资料就会减少，劳动的边际生产率就会降低，从而会影响集体的收入和其成员的分配水平。所以，农村集体组织容易形成比较封闭的组织。

2. 集体企业分配行为的平均性与短期性。就平均性来说，由于居住在同一村落中的非劳动人口也是所有者，因而他们就必然要获得一份产品，同时由于这里的所有权是公共的、无差别的，故从总产品中凭所有权得到的份额也是无差别的。中国农村中曾实行的"人七劳三"的分配原则，就是这种所有制内部结构的必然结果。就短期性来说，由于集体所有制内部劳动者与经营者的统一，以及所有权的非个人性，集体制企业净收入分配往往倾向于现期的消费，而往往忽视生产性的积累。

总的来看，这种农村集体所有制，无论从行为合理化角度看，还是从促进社会化生产角度看，都是一种需改进的所有制形式。至于城镇的某些小集体企业发展比较快，这主要是与人数较少，排除了非劳动者所有权，以及生产资料收益与每个人的利益联系得较紧有关，这说明它对现有生产力水平有一定的适应性。然而，一旦当它发展到较大规模，它所固有的排斥劳动力流入的特点[8]和分配行为的短期性便肯定会影响其行为的优化。

前南斯拉夫的社会所有制是集团所有制的典型形式。这种社会所有制的实行，与其说是出于经济效益与行为优化的目的，不如说是出于政治上选择新出路的动机。关于前南斯拉夫社会所有制条件下企业行为的不合理性，国内外理论界已有一些著述，同时在一定程度上也为前南斯拉夫的实际情况所证实。

这种集团所有制内部结构，除去排除了非劳动者的所有权外，其他方面都类似于集体制企业的内部结构。集团制企业的行为也与集体制相像。它主要存在两个问题：

第一个问题，排斥劳动力的增加。当企业设备投资没有增加或增加速度低于劳动力的增长速度时，劳动的边际产品会减少，从而影响全体职工的收入水平，如图6-3所示。

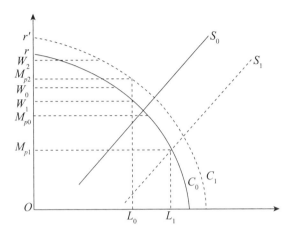

图6-3 集团所有制下就业与工资的决定

在图6-3中，C是边际净产品曲线；S是劳动力供给曲线；L与M_p分别是C与S相交时的就业人数与边际净产品；r是最初单位劳动的边际产品，这时的工资W等于边际产品的平均值，即

$$W = \frac{r + M_P}{2}$$

当劳动供给是S_0时，就业量为L_0，边际净产品是M_{P0}，工资

$$W_0 = \frac{r + M_{P0}}{2}$$

当劳动供给曲线增加到S_1时，就业增加到L_1时，劳动的边际净产品降低到M_{P1}，平均工资也就相应降低到W_1，即

$$r + \frac{M_{P1}}{2}$$

为了避免工资的下降，集团企业就倾向于用资本来替代劳动，以增加劳动的边际产品，提高平均收入。如图6-3中所示，由于资本装备率提高的结果，劳动的边际净产品曲线由 C 外推到 C_1，当就业量仍为 L_0 时，劳动的边际产品提高到 M_{P2}，平均工资也就提高到 W_2，即

$$\frac{r_1 + M_{P2}}{2}$$

对这种现象，美国康奈尔大学经济学家丁·凡涅克（Jorosllao Vonek）认为，在前南斯拉夫式的工人自治企业中，如果决策者可以自由运用资本对劳动的替代的话，那么，至少在理论上，这种企业有一个向自动化工厂发展的趋势。

集团所有制企业行为的第二个问题是自我积累不足，消费倾向膨胀。在集团所有制下，劳动者所有权的不确定性（工人离开企业就意味着所有权的丧失，以及由公共占有带来的所有权份额的模糊性）和工人的自治，使劳动者（工人）利益成为企业的主导利益，从而形成企业行为的目标便是职工收入的最大化。在这种行为目标指导下，净产值或净收入的分配，倾向于增加消费份额，而忽视企业的自我积累。这种变异的企业行为是前南斯拉夫需求膨胀的主要原因之一。

现将以上五种形式的所有制内部结构对企业行为类型的制约关系表示如图6-4所示。

§6.3 企业规模与企业决策和组织

企业规模可从绝对规模和相对规模两重意义上去度量。绝对规模或是指企业所占有、使用的生产要素的数量，或者是指企业产出的数量。相对规模则是企业所投入的生产要素或其产出在该行业总投入或总产出中所占的份额或比重。本书中的企业规模就是从这双重意义上来理解和使用的。

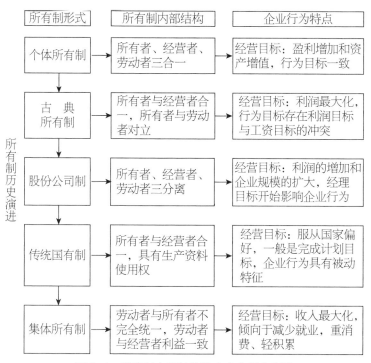

所有制形式	所有制内部结构	企业行为特点
个体所有制	所有者、经营者、劳动者三合一	经营目标：盈利增加和资产增值，行为目标一致
古典所有制	所有者与经营者合一，所有者与劳动者对立	经营目标：利润最大化，行为目标存在利润目标与工资目标的冲突
股份公司制	所有者、经营者、劳动者三分离	经营目标：利润的增加和企业规模的扩大，经理目标开始影响企业行为
传统国有制	所有者与经营者合一，具有生产资料使用权	经营目标：服从国家偏好，一般是完成计划目标，企业行为具有被动特征
集体所有制	劳动者与所有者不完全统一，劳动者与经营者利益一致	经营目标：收入最大化，倾向于减少就业，重消费、轻积累

所有制历史演进

图6-4 所有制内部结构决定企业行为类型

（一）企业规模与企业经理素质和决策方式

企业行为是企业决策阶层为实现一定目标而进行的决策和实施过程，所以，凡影响企业经理素质和决策方式的因素，都会影响企业行为。企业规模就是这些因素中的一个。

企业规模大小不同，对企业领导人所需具备的素质和能力的要求也就不同。国外一些著名的经济学和管理学著作中，曾对各种规模企业领导人的能力和素质的重要性做过比较（见表6-1）。可见，在初级的、小型的企业中，企业领导人技术能力占重要地位；随着企业规模的扩大，企业等级的提高，进行综合管理能力的相对重要性必然增大，对大型企业领导人来说最主要的能力是管理统率能力。在日本，新开业的小规模企业的经营者，80％

以上都是有技术知识的专门人才，对本行业的技术诀窍、专业知识、市场情报和销售对象比较熟悉。[9] 日本和西方发达国家对大公司大企业领导人则更重视其统率和指挥能力、经营管理能力和判断决策能力。

表 6-1   各种规模工业企业领导人能力的相对重要性比较

单位：%

领导人类别	能力						
	管理	技术	商业	财务	安全	会计	总值
初级企业	15	40	20	10	5	10	100
小型企业	25	30	15	10	10	10	100
中型企业	30	25	15	10	10	10	100
大型企业	40	15	15	10	10	10	100
特大型企业	50	10	10	10	10	10	100

资料来源：H.法约尔：《工业管理与一般管理》，中国社会科学出版社1982年版，第9页。

另外，在经理（人才）市场上，大企业较之小企业在声誉、对市场的控制力和报酬等方面有更强的吸引力。所以，一般而言，大企业经理的素质可能较高，才智结构也较合理。从适者生存法（企业规模大是因为经理能力强）的原则去判断，上述结论似也成立。大小企业在经济素质上的差异，恐怕是大企业敢于风险投资和风险创新动机强的重要原因。

企业规模不仅对企业领导人的素质有影响，而且会影响制约企业领导人的决策方式。小企业的企业家可以是个人，经营决策一般由个人作出，而大企业的重大决策更多地要由经营者集体作出，单个人的智力和精力范围总是有限的，难以适应解决管理和经营的复杂问题的需要。加尔布雷斯认为，现代大企业的经营者是一批拥有现代工业技术和计划所需要的各种技术知识、经验或其他才能的人，是"专家组合"（Technos Tructure），不是单独一个人，而是许多人组成的复合体。管理的复杂问题，应当永远由一个集体作出。[10] 从企业组织管理职能和管理形式的角度看，加尔布雷斯的看法反映了一些实际情况。

（二）企业规模与时间视野和经营战略

企业的时间视野是指企业在进行决策时，考虑各种内外部因素变化的时间长度。企业经营战略是指企业在充分估计影响企业较长时期发展的各种因素后确定的企业行为总规划和一系列方针措施。企业时间视野对其经营决策有重要影响，对投资决策更是如此。任何投资决策都涉及一定时间长度，企业时间视野越长远（如几年、十几年、几十年），其进行长期投资决策的可能性越大；反之，则缺乏作出长期投资决策的依据。

企业的时间视野和经营战略与企业规模大小之间存在着一定的相关关系。对大多数规模较小的企业来说，其经理、厂长及管理人员的素质以及他们所能得到的社会辅助（如社会各界的帮助和舆论支持）不及大企业；它们在获得有利的外部条件方面如迅速筹集大笔资金，吸引有专业技术的人才或熟练劳动力，获得紧缺资料等也不及大企业；它们在把握市场供求变动态势、预测和控制市场及市场价格等方面更无法与大企业相比拟。企业规模小，产品的市场占有份额低，在变幻莫测的市场竞争中如同一叶小舟，面对捉摸不定而又无法驾驭的市场，稍有不慎就有倾覆的危险。因此，一般说来，规模小的企业时间视野较短，在投资选择上更倾向于投资少、收效快的短期投资，其经营战略的重点一般也限于较短的期间。它们的经营灵活、转产快、应变能力强等特点恰好也适应这种较短的时间视野和经营战略。

规模巨大的企业建设周期长，投入资金量大，其生产技术特点要求它有长远的时间视野，要有科学的长期经营战略计划。一般来说，大企业拥有小企业难以具备的许多优势，这不仅体现在企业经营者的素质及其可能得到的社会辅助方面，而且表现在企业承担长期投资的技术力量组织、承受投资风险、把握控制市场态势、预见未来经济变动趋势等方面。规模巨大，不仅要求企业要着眼于目前条件和环境，而且更要放眼于未来的生存和发展。社会化商品经济的发展和科学技术的进步大大缩短了技术和产品的寿命周期，加快了更新速度；新技术革命必然导致大规模的经济结构变化；企业外部环境变化加快，不确定因素增多。大企业要保持其技术、经济优势，经久不衰地发展，不仅取决于企业对目前的投入、物质转换和产品产出的经营管理，而且更多地取决于企业对未来发展预期所做的战略决策。企业规模愈大，企业时间视野愈长，企业战略经营管理的时间范围也就愈长远。大企业的时间视野长远本身也赋予它带动国民经济长远发展的重任，特别是在国民经济中居于主导部门的大企业的时间视野和经营战略，对全社会的经济发展和产业结构变动具有重要意义。

（三）企业规模与生产组织、技术组织

企业规模大，生产集中，在技术方面有许多优势：可以采用各种现代化的高效率的大型专用设备和装置，能够广泛应用最新的科学技术成就；便于建立科学研究、中间试验以及设计、工艺、测试等机构和装备。在生产方面，利用技术设备优势组织大批量生产，有助于降低单位产品的生产费用和流通费用，提高劳动生产率；采用连续工艺过程综合加工，充分利用原料、副产品和废料，提高资源的利用程度。在生产组织方面，便于采用专业化协作和联合化等先进的生产组织和劳动组织；便于采用最新的、现代化的科学管理方法；等等。当然，企业规模过大本身也有种种不利因素，会受到种种限制，如建立大企业需要大量的基建投资，建设周期长，投资效果发挥慢；设备制造、安装比较复杂，技术要求和人员素质的要求高；需要具备一定的资源条件、运输条件和市场条件；等等。如果其中某些条件不具备，其技术优势和规模经济效益很难充分发挥。与此相应的企业规模小、生产分散，也有它的长处：投资少，建设周期短，投资效果发挥快；易于采用新技术新工艺，向专业化生产发展；生产机动灵活，转产迅速，易于调整，应变能力强；宜于小批量生产，在产品品种、规格、花色方面有较强的市场适应性。在生产组织方面，不但能合理利用分散的小型资源，而且能灵活地组织、吸收不同素质的劳动力就业，实现社会人力、物力资源的有效利用；有独特技术的专业化生产的小企业其生产成本比大企业要低，经济效益更为理想。此外，小企业的从业人员之间（包括经理与工人）的关系比大企业更容易协调，易于发挥从业人员的主动性和积极性。企业规模小的不足之处在于，整体技术力量弱于大企业，资金力量薄弱，对市场信息了解不够全面，等等。

§6.4　企业规模与企业行为

（一）企业规模与企业体制和经营机制差异

在传统经济体制下，国家将庞大的国民经济当作一个"大企业"直接进行管理。这种大一统的无所不包的管理格局，从中央到地方各级政府都按同一规则直接控制和管理企业，按同一模式塑造企业的内外部结构，形成规模不同的企业具有一些共同的特征。然而，一旦将大中型企业与小型企业区分开来，分别加以考察时，企业行为的差异也就显露出来了。

一方面，由于企业内外部构造和联系是高度行政化的，企业行为很大程度上取决于其行政隶属关系和行政地位。企业规模愈大，其行政地位愈高，企业活动行政化、政治化的程度也就愈高。大中型企业对国家和上级行政管理机关的依赖性和隶属感更强，政府对其直接管理也更严，企业在资金、物资、外贸、福利等方面得到的优惠条件要远远多于小企业。这一切，对企业的行为方式不能不产生重大影响。

另一方面，各社会主义国家高度集中型管理体制内部不是一成不变的，都不同程度地搞过"非集中化"和"强化利益刺激"等改革。虽说这类改革对处于较高行政等级的大中型企业的作用和影响微乎其微，但对小企业却有着特殊的意义。

从企业的利益结构看，中国大多数小企业是非国有企业，与国家在财产关系方面没有"血缘"关系，即使是国有小企业，所得到的国家"父爱"的程度也很低。现实经济生活中，企业作为经济、行政、社会组织的综合体，小企业的地位比之大中型企业要低，因而同国家"讨价谈判"的能力就弱，靠国家保护和帮助来实现自身利益要求的可能性也要小得多。因此，在双重体制并存的条件下，产生了小企业谋取和实现其利益要求的两重行为：（1）希望与国家"攀亲"，借以提高其行政级别，改变其隶属关系的层次，提高企业的社会地位和声誉，争取与大中型企业享有一样或更多的优惠条件；（2）依靠自己经营，努力增加企业盈利，改善劳动条件和工作环境，提高福利待遇和收入水平，前者主要表现为一种行为意向，后者则体现为小企业的基本行为。

从企业生产目标看，虽然国家也向小企业下达指令性计划任务，但由于其生产规模小、批量小、品种繁多、规格复杂，很难用几个或十几个数量指标加以确定和概括，因而国家向它们下达的往往是总量价值指标——利润。利润目标在此具有双重意义：（1）作为体现社会目标的国家计划指标，它是国家管理、监督、衡量企业经营活动的基本手段和尺度；（2）作为与企业利益相联系的企业生产目标。利润目标的确立诱发了企业盈利动机，增强了企业自主经营的能力。在利润目标的呼唤下，市场价格引导小企业生产的功能也加强了。

从企业的外部环境看，改革以来的小企业处于两重环境之中，既受上级主管部门的控制，又与外部市场保持着千丝万缕的联系。来自上级的指令、计划和来自市场的价格信号分别从不同方面支配、诱导、制约着企业的经营行为。在传统经济体制下，计划信号与市场价格信号在方向、力度上的吻合是相对的、有条件的。小企业的经营既要符合计划要求，又要对市场价格信号作出积极反应，这在多数情况下使小企业在经营决策上处于两难境地。

从企业投资和规模变动看，可以分为两种情况：（1）小型国有企业和一部分城镇"大集体"企业。其资金来源和投资行为驱动都与大中型企业相同，区别仅在于中央和地方往往集中有限资金进行重点投资建设，而这类企业规模小，行政地位低，争得投资的机会和数额很少，因而技术落后，设备陈旧，不能迅速扩充发展。（2）城镇集体企业和乡村企业。这类小企业投资资金主要来源于自我积累或银行贷款，它们在投资方向的选择和投资规模的确定上具有盈利性目标，重视投资与收益的比较，对预期收益高的项目尤为重视，并承担投资风险。但是，由于没有横向融通的资金市场，这类小企业靠自身积累来扩展规模是一个漫长而缓慢的过程；许多小企业长期维持简单再生产，扩大再生产能力很有限，这也是中国小企业几十年来规模变化不大的一个重要原因。

经济体制改革在一定程度上改变了不同规模企业的体制约束差别，但由于不同规模企业转轨时序不同，所承担的社会义务不同及不同步的"扩权"，上述企业行为差异依然存在。

（二）企业规模差异和市场行为

在现代商品经济条件下，规模巨大的企业与小企业共存于同一市场体系之中，市场关系和市场结构已不是亚当·斯密时代由"看不见的手"所左右的完全竞争，而是不完全竞争或垄断竞争。不同规模的企业的市场地位和市场行为是极不相同的。与小企业相比，大企业有着优越的市场地位。

　　1. 大企业能够控制供给。大企业的市场优势和市场垄断地位是根据它们在某一部门的产量、产值所占百分比来决定的。大企业拥有规模和技术上的优势，其产品供给往往占本部门本行业的很大比重，产品的市场占有率高，在决定供求态势方面处于明显的支配地位和垄断地位。如表 6-2 所示，我国大中型企业在十二大部门中控制着供给。

表 6-2　　1985 年我国大中型企业产值占同行业全国总产值比重

单位：%

行业	比重	行业	比重
石油工业	97.4	交通运输设备	61.8
电力工业	87.8	化学工业	53.8
煤炭、炼焦行业	59.9	纺织工业	42.5
钢铁工业	78.5	自行车制造业	66.6
有色金属工业	73.1	制糖业	91.5
机械工业	52.4	钟表制造业	76.6

　　资料来源：国务院全国工业普查领导小组办公室：《我国大中型工业企业基本情况》，《工业经济管理丛刊》1987 年第 7 期。

　　2. 大企业能够控制价格。生产集中程度高、规模巨大的企业具有垄断性，它们不是被动地接受市场价格，而是具有控制甚至决定价格的能力。大企业控制或决定价格的主要途径或手段是：（1）控制供给。大企业控制着某种商品的大部分或绝大部分市场份额，它们可以根据边际收益等于边际成本的原则，在高价少销和低价多销之间权衡比较，通过调整供给量来确定价格。（2）影响需求。通过产品和技术创新，或以庞大的广告网和宣传推销机构影响消费者需求，改变其需求函数和需求结构，使消费者的购买意愿服从生产者的意愿，接受其产品价格。（3）成本转嫁。在正常生产条件下，大企业凭借其技术、生产条件和规模经济的优势，保持较低的生产成本，在竞争中拥有价格优势和较高的利润率。当工资、成本发生变动时，大企业可以通过成本转嫁来提高价格，以保证目标利润不下降。（4）产品加价。大企业具有相对固定的技术系数，其巨大的固定资产更新或投资一旦完成，生产技术和产出结构也就确定了，再转产或重新调整产品结构相当困难。为了收回固定资产投资并获取目标利润，必然会根据成本加一定利润额的方式来直接确定产品价格。[11]

3. 大企业对市场价格变动的反应程度弱，从一定的意义上说，市场机制对其生产的调节功能部分地失灵。

这里将大型企业和一部分中型企业分为两类，分别加以考察。

一类是少数垄断性大企业，主要是能源工业和基础原材料工业（如目前中国最大的50家工业企业都集中于石油、钢铁、煤炭、电力等行业）。这类技术复杂、机器设备大型化的工业部门，所要求的生产最佳规模是很大的，平均最低成本一般发生在数量很大的产出率上，创建新企业不仅需要有足够的资金垫付，而且要有相当庞大的技术力量和能力来承担投资风险。新企业要进入该行业是相当困难的。规模优势和资金技术方面的特点造成的"进入壁垒"使该行业中少数大企业处于垄断地位。这类企业产品供给的价格弹性比较小，也就是说，在价格上升时，供给受到资源和再生产周期的时间制约不能很快增加。市场价格机制在调节这类企业的投入产出方面是受到限制的。

另一类大中型企业，主要是制造业、加工业，其规模虽然也很大，但其生产的集中程度和产品的市场占有份额远不如前一类企业那样高，转产或重新调整其投入产出结构比前者要容易些，在其同行业中还有规模不等的其他企业的竞争。但是，这类企业规模大，市场占有率和市场覆盖率较高，在产品方面又存在很细的分工，新企业的加入不仅会遇到生产技术和生产能力方面的障碍，而且也存在一定的销售困难和费用造成的壁垒，从而造成这类企业可以长期拥有一个相对稳定的市场。因此，它们也在一定程度上控制着市场，掌握一定程度的定价权，市场机制对其调节作用也并不总是灵敏有效的。

以上是对大中型企业市场地位和市场行为的分析，下面再看一下小企业的情况。

1. 从产出的供给看，小企业的生产规模小，它们提供的产品量在该种商品总供给量中所占比重很小，因此，小企业一般不能独立构成左右供求态势的市场力量。

2. 从价格决定看，小企业不能控制市场价格，而是市场价格的接受者。在竞争性行业中（如日用工业品行业），市场价格基本是由市场供求决定的，价格外在于企业。企业无单独转嫁成本或加价的能力，投入品价格提高或经营不善而导致成本上升，都将使企业利润减少。在垄断竞争性行业中（如采掘、钢铁行业），虽然小企业作为卖者也有一定程度的议价能力，但受到同行业垄断大企业的"领导价格"的制约，基本上也不可能控制价格。

3. 从对市场价格变动的反应程度看，小企业对市场价格的反应最为灵敏。在竞争市场上，小企业产出的供给弹性很高，当市场价格上升时，增大产出意味着边际收益的增加，从而可为企业带来更多的利润。在市场机制的作用下，小企业根据市场价格的变动去调整投入产出规模，按照边际成本等于边际收益（价格）的原则来确定产量，组织生产经营活动。在垄断竞争市场上，市场价格基本上为处于垄断地位的大企业所控制。小企业是垄断价格或"领导价格"的服从者，并根据"领导价格"或垄断价格来调整自己的经营规模。

[注释]

[1] 对消费者行为最早的系统分析当推德国人戈森（Gossen，1810—1858）在《人类交换规律与人类行为准则的发展》一书中对消费者消费规律的研究。后人将戈森的观点称为戈森定律。

[2][3] 参见《马克思恩格斯全集》第 23 卷，第 830 页。

[4] 威廉·格·谢佩德. 市场势力与福利经济导论 [M]. 北京：商务印书馆，1980：241.

[5] 萨缪尔森. 经济学·中册 [M]. 北京：商务印书馆，1982：180-183.

[6] 中国的城镇集体所有制分为"大集体"和"小集体"。"大集体"实际上是一种地方国营，它具有国营企业行为特征。只有"小集体"，才属于我们要讨论的集体所有制的范畴。

[7] 实行家庭承包责任制，按人口分配土地与其他生产资料就是证明。

[8] 在集体所有制内部，劳动者与所有者是合一的。所以，在劳动力流入问题上，这种企业面临一个难题：为了保持集体企业的性质，劳动力流入必须带有相应的资金，否则就会影响劳动力规模的扩大。一旦劳动力以纯粹劳动力身份流入，那么，要不就是减少人均生产资料量，要不就是变为雇佣劳动力，进而导致小集体所有制的解体。

[9] 中国社会科学院"日本中小企业考察团". 日本中小企业考察 [M]. 北京：中国社会科学出版社，1981：13.

[10] 约·肯·加尔布雷斯. 经济学和公共目标 [M]. 北京：商务印书馆，1980：82.

[11] 大企业凭借其垄断地位确定价格的公式为：$P = \dfrac{k}{X}(1+r)$。其中，k 表示全部生产成本；X 表示生产量；r 表示一定的利润率。

6章　中国企业行为 Ⅰ：理论框架

7章 中国企业行为 II：实证分析

科学的企业行为研究是产业组织调整和产业组织政策制定的前提。第 6 章建立在理论演绎基础上的企业行为研究是否符合实际？特别是十余年市场取向改革对国有企业到底产生了哪些实际影响，影响国有企业行为的有哪些确定的因素？这些问题都要求我们给予实证性回答。正是基于这一目的，笔者主持的"企业结构与市场组织"课题组在中国企业评价中心的协助下，进行了一次较大规模的企业行为问卷调查（发出问卷 395 份，回收 213 份），并借助计算机进行了数据处理。本章就是在这一实证研究基础上写成的。

§7.1 关于国有企业的行为目标

所谓企业行为就是指企业为实现某一或某组特定目标的决策和实施决策的过程。所以，企业目标的确定是企业行为研究的重要内容。

现代企业行为理论认为，企业行为是企业内部主体要素，即所有者、经理和职工（或工会）利益和权力关系的组合。企业（厂商）的主要行为目标就取决处于主导地位的利益和权力主体的目标趋向。所以，在传统的高度集中的国家所有制内，主导的行为目标是完成国家计划；在古典的私有制内，主导的行为目标是利润的不断扩大；在经理主导型的股份制内，主导行为目标是企业成长；在前南斯拉夫社会所有制内，主导行为目标是收入的增加。那么，这些理论假设在我国有多大的适用性？经过十余年改革，我国国有企业行为目标发生了多大变化？为了回答这些问题，请见表7-1至表7-3。

表7-1　企业对行为目标的第一选择

排序	目标选择	企业数目／家	所占比例／%
1	利润增加	96	45.7
2	企业成长	54	25.7
5	职工收入增加	5	2.4
6	经理收入增加	0	0.0
4	提高市场份额	20	9.5
3	完成国家计划	35	16.7
回答该项问题企业数目		210	100.0

表7-2　企业对行为目标的第二选择

排序	目标选择	企业数目／家	所占比例／%
2	利润增加	55	26.6
1	企业成长	60	29.0
3	职工收入增加	39	18.8
6	经理收入增加	1	0.5
4	提高市场份额	36	17.4
5	完成国家计划	16	7.7
总计		207	100.0

表 7-3　企业对行为目标的第三选择

排序	目标选择	企业数目 / 家	所占比例 / %
3	利润增加	27	12.7
2	企业成长	42	19.7
1	职工收入增加	109	51.2
6	经理收入增加	1	0.5
4	提高市场份额	22	10.3
5	完成国家计划	12	5.6
	总计	213	100.0

从表 7-1 至表 7-3 中可以得出如下几点重要结论：

1. 利润增加已成为我国企业最主要的行为目标。在全部 210 家企业中，选择利润增加作为第一目标的企业最多，占总数的 45.7%。如加上选择企业成长和提高市场份额作为第一目标的企业，企业数达到 170 家，占全部答卷企业的 80.9%（在 194 家国营企业中，上述两个比例则为 45.4% 和 79.9%）。从这一统计实事，我们可以得出如下重要的推论：经过十余年以扩权让利为主要内容的企业体制改革，我国企业，特别是国有企业的行为与传统国营企业相比，发生了极大的变化。伴随着企业自主权的扩大和自身利益的增强，80% 左右的企业已初步具有了与现代商品经济相适应的行为特征。这是我国十余年企业体制改革所取得的巨大成就。

2. 企业成长成为仅次于利润增加的企业行为目标。在 210 家企业中，把企业成长作为第一目标的有 54 家，比重为 25.7%，位居第二。在 207 家企业中，把企业成长作为第二目标的有 60 家，比重为全部答卷企业的 29.0%，位居第一。这一统计结果给出的

结构与行为：中国产业组织研究（校订本）

重要推论是：（1）社会和企业综合效益最佳的企业成长目标尚未成为我国企业最重要的行为目标。这从一个侧面说明了，我国企业在从传统行为向现代行为的转换过程中虽取得了很大的成就，但行为合理化的过程远远没有结束。（2）企业成长成为我国企业重要的目标之一，表明我国企业行为，特别是国营大中型企业的行为的短期化并不像理论分析的那样严重。当然，这一推论能否成立，还要考虑企业填表的真实性程度。

3. 增加职工收入是我国企业第三位的行为目标。在全部213家答卷企业中，选择职工收入增加作为企业第三位行为目标的企业为109家，所占比重高达51.2%，高出6个选择参数平均比重16.7%的2倍多，是3种18次选择中的最高值。这一统计事实对于深化我国企业行为研究具有重要的意义。（1）它表明职工收入仍是我国企业行为的重要目标之一，进而表明，在我国企业内部权利结构中，职工有着举足轻重的地位。为了保证这一选择的真实性，我们在问卷中同时设计了一个职工增加收入对企业经理、厂长决策影响程度的问题。在全部213家企业中，认为职工增加收入对企业决策影响很大的企业有30家，认为影响较大的企业有134家，两项合计所占比重高达77%（见表7-4）。

表7-4　职工增加收入对企业经理决策的影响程度

影响程度	企业数目	所占比重 /%
很大	30	14.1
较大	134	62.9
一般	38	17.9
很小	6	2.8
无影响	5	2.4
总计	213	100.0

这再次表明增加职工收入是我国企业，特别是国有企业的重要行为目标。（2）它是我国企业行为特殊性的集中表现。企业体制的改革虽使企业主导行为目标从完成计划向利润增加转变，但国营制下所特有的劳动者与所有者在理论上的统一，使得企业职工收入的增加仍是改革后的国有企业重要的目标趋向。（3）我国企业行为理论关于国有企业行为短期化的分析，部分地得到证实。理论分析所给出的完善企业行为的对策也应予以贯彻和实施。

4. 经理、厂长收入的增加基本上不构成企业的行为目标。换言之，经理和厂长有关企业行为的决策，基本上不是增加自身的收入，虽然企业利润增加、企业成长和职工收入增加同时可能会带来经理收入的增加。

§7.2　影响企业行为目标的因素

1. 所有制与企业行为目标。从理论上讲，由于所有制不同，其内部权力和利益结构也不同，故行为目标也应有所不同。第6章曾对所有制与企业行为的内在决定机制做过一些分析。然而在现实生活中，表现出来的企业行为是若干内、外部因素综合作用的结果。所以，所有制与企业行为目标之间是否存在确定的关系尚有待于验证。在这次调查问卷中，213家问询企业包含国营企业197家、城市集体企业10家，合资企业4家，乡镇企业1家，其他类型的企业1家。表7-5是国有企业、城镇集体企业和合资企业行为目标的对比。不过需要提出的是，由于城镇集体企业和合资企业数目偏少，故所有制与企业行为目标关系的可信度可能受到影响。表7-5所给出的重要结论如下：

表 7-5　所有制与企业行为目标

目标顺序	所有制	目标选择所占比重 /%					
		利润增加	企业成长	提高市场份额	职工收入增加	完成国家计划	经理收入增加
第一目标	国有企业	45.4	24.7	9.8	2.6	17.5	0.0
	城镇集体	40.0	50.0	0.0	0.0	10.0	0.0
	合资企业	50.0	25.0	25.0	0.0	0.0	0.0
第二目标	国有企业	28.4	29.4	15.5	18.0	7.7	1.0
	城镇集体	30.0	10.0	40.0	20.0	0.0	0.0
	合资企业	0.0	50.0	25.0	0.0	25.0	0.0
第三目标	国有企业	12.2	20.4	10.8	51.5	7.6	0.5
	城镇集体	10.0	20.0	10.0	60.0	0.0	0.0
	合资企业	50.0	0.0	0.0	50.0	0.0	0.0

（1）所有制对企业行为目标有着确定的影响。所有制对企业行为目标的影响主要集中在两个方面。一个方面是"利润增加""企业成长"和"提高市场份额"三个市场取向目标位次的差异上，另一个方面是"完成国家计划"的不同选择比重上。就第一个方面而言，总的印象是，城镇集体企业和合资企业的行为目标略优于国营企业。虽然表 7-5 中前三个目标都属于市场取向的目标，但"企业成长"和"提高市场份额"更强调企业的增长与发展。无论是对第一目标的选择还是对第二目标的选择，合资企业和城镇集体企业选择"企业成长"和"提高市场份额"的比重都高于国营企业。上述统计事实部分地证明了理论分析所给出的关于所有制与企业行为目标的结论。与理论分析所给出的结论不同的是，城镇集体企业的行为目标似乎更优于合资企业。但由

于合资企业样本偏少，这一结论尚需进一步研究。第二方面的差异主要来自国营企业计划调节的比重高于其他经济成分。这也表明，非国有企业的市场调节比重大，自主权也大得多。

（2）所有制对企业行为目标的影响，在"职工收入增加"这一目标上表现得不是太明显。无论何种所有制，它们的第三个目标都主要集中在"职工收入增加"上，而且选择率都在 50% 和 50% 以上。只是在第二目标的选择上，所有制表现了一定的影响。国营企业和城镇集体企业有 20%、18% 的企业选择了"职工收入增加"这一目标，而合资企业的选择却是零。这意味着在合资企业中，"职工收入增加"意向弱于其他经济成分。"职工收入增加"集中地表现为企业的第三位目标具有重要的启示，它意味着我国企业具有较强的增加职工收入的倾向，并不主要是由国有制引致，而是由国情所决定的。这包括收入较低、福利和救济的社会化程度不高等。

2. 企业规模与企业行为目标。由于企业的规模不同，企业控制市场的能力也就不同，从而控制影响企业目标的外在因素的能力也就存在着差异。在我国，规模对企业行为目标有无影响？有何影响？我们在这次调查问卷中，鉴于问询对象主要是国营大中型企业，我们划分了"特大型""大型"和"中型"三组。表 7-6 是调查问卷的处理结果。

表 7-6　企业规模与企业行为目标

目标顺序	企业规模	企业行为目标比重 /%					
		企业成长	利润增加	提高市场份额	职工收入增加	完成国家计划	经理收入增加
第一目标	特大型	11.8	17.6	5.9	5.9	58.8	0.0
	大　型	23.2	52.8	10.4	0.8	12.8	0.0
	中　型	32.7	36.5	9.6	5.8	15.4	0.0

目标顺序	企业规模	企业行为目标比重 /%					
		企业成长	利润增加	提高市场份额	职工收入增加	完成国家计划	经理收入增加
第二目标	特大型	35.3	35.3	17.6	5.9	5.9	0.0
	大　型	26.0	29.3	17.1	18.7	8.9	0.0
	中　型	29.4	29.4	11.8	23.6	5.9	0.0
第三目标	特大型	29.4	5.9	0.0	58.8	5.9	0.0
	大　型	20.9	10.1	10.1	52.7	5.4	0.8
	中　型	16.2	20.9	14.8	40.7	7.4	0.0

　　由于我们的调查范围主要集中在国营大中型企业上，所以我们尚不能得出国营企业规模与企业目标相互关系的一般结论。但就我们所掌握的三种分组而言，国有企业规模对企业行为目标的影响，主要集中在"完成国家计划"这一目标选择上。对于特大型国营企业而言，"完成国家计划"被选为第一企业行为目标的比重高达58.8%，是各项选择中比重最高的，而把"完成国家计划"作为第一项目标的国营大型企业和国营中型企业的比重分别只有12.8%和15.4%。与国营特大企业的首选行为目标不同，国营大、中型企业首选行为目标选择率最高的是"利润增加"，选择率分别是52.8%和36.5%。需要特别指出的是，从国营特大型企业与大、中型企业这一行为目标的差异绝不能得出特大企业目标劣于大、中型企业的结论。因为行为目标的这一差异主要是国家对特大型企业控制较严所致，或者说是因为特大型企业计划调节比重较高。由于第一目标的选择受国家计划调节比重差异较大而不能真实反映企业的行为意愿，所以，第二目标的选择可能更适于反映企业行为目标的优劣。在这里，特大型企业选择"企

业成长"和"提高市场份额"两项发展倾向的比重为 52.9%，增加职工收入的目标趋向仅为 5.9%，而大、中型企业选择前两项目标的比重分别只有 42.3% 和 41.2%。大、中型企业选择"职工收入增加"作为第二项目标的则分别为 18.7% 和 23.6%。通过上述事实，我们也许可以得出这样两个重要推论：首先，企业规模越大，其行为目标中发展倾向也就更为强烈；其次，企业规模越大，增加职工收入的要求在企业行为目标中的地位也就越低。这两项得到初步证实的推论是在我国鼓励企业合并、发展企业集团的理论依据。

3. 内部领导体制与企业行为目标。虽然所有制的差异并不总是导致相应的企业内部领导体制或组织体制的差异，但二者之间的确存在一些确定的关系。例如，与传统国家所有制相联系的往往是党委书记负责制，与合资企业、股份制企业相联系的则是董事会领导下的厂长负责制，与经典的私有制相联系的则是"老板"负责制。所以，企业内部的领导体制对企业的行为目标肯定有影响，弄清这一影响对于推进企业领导体制的改革，确立最佳的领导体制，无疑有重要的意义。

表 7-7　领导体制与企业行为目标

目标顺序	领导体制	目标选择比重 /%					
		利润增加	企业成长	提高市场份额	增加职工收入	完成国家计划	增加经理收入
第一目标	厂长负责制（A）	40.9	22.6	9.9	12.5	14.1	0.0
	党委领导下厂长负责制（B）	15.4	15.4	7.7	0.0	61.5	0.0
	董事会领导下厂长负责制（C）	80.0	20.0	0.0	0.0	0.0	0.0

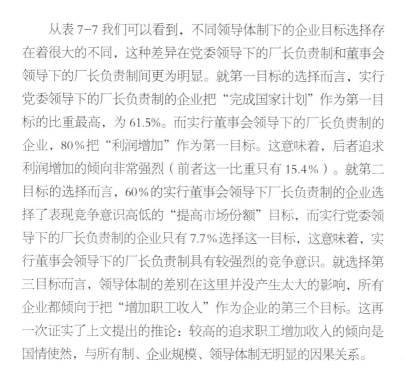

目标顺序	领导体制	目标选择比重 /%					
		利润增加	企业成长	提高市场份额	增加职工收入	完成国家计划	增加经理收入
第二目标	A	27.0	26.5	16.9	20.6	8.5	0.5
	B	30.8	61.6	7.7	0.0	0.0	0.0
	C	0.0	40.0	60.0	0.0	0.0	0.0
第三目标	A	12.8	20.9	11.7	49.0	5.1	0.5
	B	7.7	7.7	0.0	76.9	7.7	0.0
	C	20.0	0.0	0.0	60.0	20.0	0.0

　　从表 7-7 我们可以看到，不同领导体制下的企业目标选择存在着很大的不同，这种差异在党委领导下的厂长负责制和董事会领导下的厂长负责制间更为明显。就第一目标的选择而言，实行党委领导下的厂长负责制的企业把"完成国家计划"作为第一目标的比重最高，为 61.5%。而实行董事会领导下的厂长负责制的企业，80% 把"利润增加"作为第一目标。这意味着，后者追求利润增加的倾向非常强烈（前者这一比重只有 15.4%）。就第二目标的选择而言，60% 的实行董事会领导下厂长负责制的企业选择了表现竞争意识高低的"提高市场份额"目标，而实行党委领导下的厂长负责制的企业只有 7.7% 选择这一目标，这意味着，实行董事会领导下的厂长负责制具有较强烈的竞争意识。就选择第三目标而言，领导体制的差别在这里并没产生太大的影响，所有企业都倾向于把"增加职工收入"作为企业的第三个目标。这再一次证实了上文提出的推论：较高的追求职工增加收入的倾向是国情使然，与所有制、企业规模、领导体制无明显的因果关系。

从表 7-5 至表 7-7 中我们可以看到，所有制、企业规模和领导体制都对企业第一目标的选择产生较大的影响，那么，我们是否能分离出这几个因素各自的影响程度？表 7-8 在某种程度上能回答这一问题。

表 7-8　所有制、企业规模、领导体制对企业单一行为目标选择的影响

单位：%

分组	利润增加	完成国家计划	序号
国有特大型企业厂长负责制	21.4	50.0	1
国有特大型企业党委领导下厂长负责制	0.0	100.0	2
国有中型企业厂长负责制	37.5	10.4	3
城镇集体中型企业厂长负责制	33.3	0.0	4

例如，在国营特大企业领导体制从厂长负责制变为党委领导下的厂长负责制，选择"完成国家计划"作为第一目标的比重从 50.0% 提高到 100.0%，而选择"利润增加"作为第一目标的比重则从 21.4% 下降到零，这就比较具体地给出了领导体制对企业行为目标的影响。对比第一行和第三行，我们则能相对分离出企业规模对第一行为目标选择的影响，企业规模由特大型变为中型，把"利润增加"作为第一目标的企业比重上升了 16.1 个百分点，把"完成国家计划"作为第一目标的企业则下降了 39.6 个百分点。对比第三行和第四行，我们则发现，把"完成国家计划"作为第一目标的企业则下降了 10.4 个百分点。这样，我们就把一般性的结论表示为可度量的数据。

4. 企业所在行业与企业行为目标。由于行业不同，行业间企业的市场结构、国家管理、控制的程度也就不同，所以，从理论上讲，不同行业的企业行为目标也就可能有所不同，为了证实这

一理论推定，我们将调查询问对象做了两类分组：轻工业和重工业、基础行业和非基础行业。表7-9是这两种分类企业对第一行为目标选择的情况。为了排除所有制与企业规模的影响，我们考察的是国营中型企业对单一目标的选择。

表7-9　行业分类与第一企业行为目标的选择

单位：%

序号	行业	目标					
		利润增加	企业成长	提高企业份额	增加职工收入	完成国家计划	经理收入增加
1	轻工	39.4	33.3	12.1	3.0	12.1	0.0
2	重工	35.3	35.3	5.9	11.8	11.8	0.0
3	基础行业	27.3	18.2	9.1	18.2	27.3	0.0
4	非基础行业	40.0	37.5	10.0	2.5	10.0	0.0

从表7-9我们可以看到，（1）除轻、重行业划分对"增加职工收入"和"提高企业份额"这两个目标略有影响外，总的来看，企业所在行业对企业行为目标选择没有太大的影响。轻工行业选择"提高企业份额"和"增加职工收入"这两个目标的企业比重只分别高于和低于重工行业，笔者认为，主要的原因是轻工行业在技术、资金、政策方面的壁垒低于重工行业，再加之该行业企业绝对规模和相对规模（集中度）均低于重工行业，轻工行业企业竞争程度高于重工行业。在这种状态下，轻工企业更多地倾向于稳定和增强其市场竞争地位，并为此相应降低其谋求职工收入的期望。（2）相对于轻重工业行业划分而言，基础行业与非基础行业的划分对企业行为目标的影响较大，具体地讲，基础行业企业选择"完成国家计划"和"增加职工收入"作为第一目

标的比重，明显高于非基础行业，而选择"利润增加"和"企业成长"作为第一目标的比重又明显低于非基础行业。我们由此得出的重要推论是：基础行业企业行为的计划趋向较高，计划调节的比重也较大，非基础行业则是市场趋向型行为较强，市场调节比重较大。同重工业一样，基础行业选择"增加职工收入"的比重也高于非基础行业（这是出于人们预料之外的），我们只能用该行业竞争程度较低来解释这一"反常"现象。

　　5. 竞争程度与企业行业目标。如果说所有制、领导体制是影响企业行为的内在因素、企业规模基本上是一个内在因素的话（因为企业相对规模——市场份额不是一个纯内部因素，而要受制于其他企业的规模和企业数目），那么，所处行业或所在市场的竞争程度则是影响企业行为的一个外在因素。由于企业行为并不仅是企业基于自身利益而进行的决策过程，而且是一个预期到其他企业对自身行为做出相应反应的博弈过程，所以，行业的竞争程度不能不对企业行为目标产生影响。为了考察、检验这一影响是否存在，我们将企业所处行业的竞争程度划为"非常激烈""比较激烈""一般"和"无"四种类型，表7-10是行业竞争程度与企业行为目标关系的具体情况。从中我们可以清楚地看到，行业竞争程度与企业行为目标之间存在着非常明显和有规律的相关关系。第一，竞争程度越激烈，企业追求利润增加的倾向就越强，企业追求提高本企业所占市场份额的倾向也越强；第二，企业所处行业的竞争程度越强，企业取选"职工收入增加"作为本企业第一目标的比重就越低；第三，企业所处行业竞争程度越低，企业把"完成国家计划"作为第一目标的比重越高。现在，我们虽然没有足够的把握，把这种相关关系转化为因果关系，因为我们尚不清楚是企业调节方式的差异、计划调节程度的高低导致企业竞争程度的差异，还是企业竞争程度的差异导致经营行为趋向的差异。但是，上述竞争程度与行为目标间的明显差异，不管它是相关关系，还是因果关系，都已告诉我们这样一个确定的结论：通过增加行业内和行业间的竞争程度，对于改善和端正企业行为目标是非常有效和重要的。这一结论是我国竞争政策、组织政策和反托拉斯政策的一个重要理论基础。只要我们进一步放开企业、进一步消除进入障碍、进一步消除和限制形形色色的垄断，我国企业行为合理化的进程就会加快。

表 7-10　竞争程度与企业第一行为目标的选择

单位：%

行业竞争程度	目标					
	利润增加	企业成长	提高市场份额	增加职工收入	完成国家计划	增加经理收入
非常激烈	48.0	27.6	16.3	0.0	6.1	0.0
比较激烈	49.4	22.2	3.7	3.7	19.8	0.0
一般	39.1	30.4	4.3	4.3	21.7	0.0
无	0.0	18.2	0.0	9.1	72.7	0.0

§7.3　增加利润行为

企业行为是基于一定行为目标和考虑到其他企业反应而进行的决策过程。在分析了国有企业行为目标和影响因素后，我们现在转入国有企业行为的实证分析。

对于大部分国有企业而言，"增加利润"是它们的首位选择。然而，为了实现这一目标，一般采取以下五种行为：技术创新、降低消耗、提高市场占有率、广告宣传和提高价格。

这五项增利手段可以归纳为三类，（1）第一和第二属于提高企业的自身素质，进而增加利润的手段。（2）第三项和第四项属于改善企业竞争地位，进而增加利润的手段。（3）第五项则属于最直接，但难以实施的增利手段。从表 7-11 可以看出：（1）75.6％的企业选择了第一类手段。这样，我们就可得出一个重要的推论：我国大部分企业是靠提高自身素质，包括提高企业技术水平和降低各种消耗和支出实现的。（2）只有 3％左右的企业选择"提高价格"作为实现增利目标的手段。对这一统计现象的解释有二：第一，对于基础行业而言，如石油、煤炭、电力等，价格主要由国家控制，企业自主调价的空间有限。第二，对于一般部门，特别是轻工部门，十余年的经济体制改革，一方面使供给能力有了大发展，另一方面使这一部门成为充分竞争的部门。在这种环境下，提高价格意味着市场的丧失。所以，企业不敢通过提高价格来实现增利目标，而更多地依赖提高自身素质和改善竞争地位等手段。（3）广告宣传在实现增利目标的诸手段中，被选比重最低。这意味着在直接意义上，广告主要是竞争手段而不是增利手段。

表 7-11　实现增利目标的手段选择

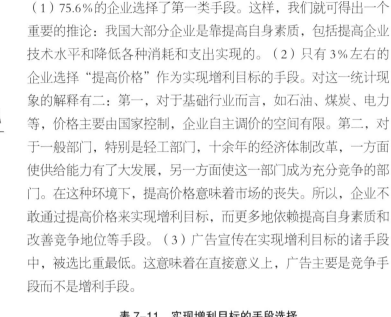

序号	手段	数目	比例 / %
1	技术创新	97	45.5
2	降低消耗	64	30.1
3	增加市场占有率	44	20.7
4	广告宣传	1	0.5
5	提高价格	7	3.3

现在再进一步考察所有制、企业规模、领导体制、所在行业和市场竞争程度对上述选择的影响。

1. 所有制与增利手段的选择。在这次问卷活动中，共有 197 家国有企业、10 家城镇集体企业和 4 家合资企业接受了调查。表 7-12 是不同所有制企业对增利手段的选择情况。

表 7-12　所有制与增利手段的选择

单位：%

所有制	增利手段选择比重				
	技术创新	降低消耗	增加市场占有率	广告宣传	提高价格
全民	45.2	30.5	20.3	0.5	3.6
城镇集体	70.0	20.0	10.0	0.0	0.0
合资	25.5	25.5	50.0	0.0	0.0

显然所有制的差异没有改变我国企业主要靠提高自身素质来实现增利目标这一事实。所有制差异带来的影响主要表现在以下两个方面，一是城镇集体更多地依靠技术创新来增加利润，而合资企业主要靠增加市场占有率来实现增利目标。不过，由于后两类所有制企业的样本偏少，对表 7-12 所显示的城镇集体企业创新动机更强和合资企业竞争意识较强现象，是否是一个确定的事实尚无充分的把握。

2. 企业规模与增利手段。从理论上讲，企业规模不同，它所控制市场的能力也就不同，特别是在我国，企业规模不同，计划调节和政府干预也就不同，从而企业为实现利润增加这一目标所采取的手段也就可能有所不同。这一结论是否成立？如能成立，则企业规模对实现增利目标手段选择的影响是什么？表 7-13 给出了具体的回答。

表 7-13　企业规模与增利手段选择

单位：%

规模分组	增利手段选择比重				
	技术创新	降低消耗	增加市场占有率	广告宣传	提高价格
国有特大企业	41.2	47.1	5.9	0.0	5.9
国有大型企业	46.1	29.7	21.1	0.8	2.3
国有中型企业	44.2	26.9	23.1	0.0	5.8

表 7-13 说明，企业规模与"降低消耗"和"增加市场占有率"两项手段存在着明显的相关关系：（1）企业规模越大，选择"降低消耗"作为首位增利手段的比重越高。（2）企业规模越大，选择"增加市场占有率"作为增利手段的比重越低。前一个正相关关系与后一个负相关关系是存在着相应的联系的。企业规模越大，其支配市场的势力也就越大，从而通过提高市场份额增强其竞争地位的欲望就越低。也就是说，这种相对垄断地位的取得妨碍了其竞争意识。在这种条件下（再加上价格更多地由国家控制），特大型企业增加利润的手段就相对集中到"降低消耗"上。与特大型企业不同，中型企业规模相对较小，竞争地位较弱，所以，为了实现增加利润的目标，提高市场份额，进而增强竞争地位就显得更为重要了。

3. 领导体制与增利手段选择。在某种意义上，领导体制的不同将会带来增加利润之手段选择的不同。表 7-14 是差异较大的董事会领导下的厂长负责制和党委领导下的厂长负责制对增加利润手段的选择。

表 7-14　领导体制与增利手段的选择

单位：%

领导体制	增利手段选择比重				
	技术创新	降低消耗	增加市场占有率	广告宣传	提高价格
董事会领导下厂长负责制	40.0	20.0	40.0	0.0	0.0
党委领导下厂长负责制	15.4	53.8	23.1	0.0	7.7

　　领导体制的差异对增利手段的影响还是较大的。（1）实行董事会领导下的厂长负责制的企业选择"技术创新"的比重明显高于实行党委领导下厂长负责制的企业。这意味着前者的创新意识较强（当然，这一差异可能部分地来自于国家对后者较多的控制，从而其产品创新的空间相对较小，诸如不能自由进入、退出某一行业。这点从后者选择"降低消耗"的比重较高这一统计事实，也可以得到某种程度的证实）。（2）前者的竞争意识，即通过改善市场地位来增加利润的倾向也高于后者（部分原因可能是实行后一领导体制的多为国营大型企业，其市场地位原本就较好，竞争压力较小）。（3）后者通过提价增加利润的倾向较强。出现这一现象，或许部分地因为实行后一体制的多为基础行业企业，从而其价格偏低；部分地因为实行后一体制的多为大企业，故其具有某种程度的垄断地位。这两个假说能否成立，可参考表7-15。该表表明实行党委领导下厂长负责制的国有企业中，特大型企业比重明显高于全部答卷企业，即便是特大型企业和大型企业相加，前者的比重也明显高于后者。对于前者而言，属于基础行业的比重为50%，高于全部答卷企业的38.5%。这就在某种程

度上证实了以上两个假说。

表7-15　不同领导体制下企业规模差异和行业差异

单位：%

实行党委领导下厂长负责制	特大型企业	大型企业	中型企业	基础行业	非基础行业
国有企业	23.1	46.2	30.8	50.0	50.0
全部答卷企业	8.0	63.4	28.2	38.5	61.5

4. 行业差异与增利手段。由于行业间的市场结构（规模、进入壁垒、集中度）不同，从而影响企业行为的外部环境也就不同。这一理论分析在我国是否成立？如果成立的话，行业差异带来的增利手段的差异是什么？可参考表7-16。

从表7-16我们可以看到，轻工业、非基础行业选择"技术创新"和"提高市场占有率"的企业比重均高于重工业和基础行业，这意味着这两个行业的企业创新意识和竞争意识均高于"重工业"和"非基础行业"的企业。产生这一差异的原因，主要是前者的市场结构更富竞争性（企业集中度较低、平均规模较小和进入壁垒较低等）。这种差异，也同样表现在"高利行业"和"非高利行业"的划分中。高利行业（在我们的调查中划入该行业的有：电子工业、烟草工业和石化工业等）的创新意识和竞争意识皆高于"非高利行业"这一结论，对于我国的产业组织政策制定有着重要的意义。（1）传统产生组织理论的理论框架市场结构→企业行为→企业绩效所隐含的结论：企业绩效取决于市场结构，从而企业的高利润起因于企业所在行业的垄断性（或企业所在行业市场结构的低竞争性）在我国几乎没有得到证实。在我们的研究中，行业的高利率主要是来自该行业所属企业有效的创新意识和竞争意识。（2）企业利润高低（进而企业绩效）主要是反映企业的行为特征，而不宜用来反推企业所在行业的市场结构状况，即不能像传统产业组织理论认定的那样，行业的高利润率一定意味着行业的高集中度和高垄断程度。企业绩效是企业行为和市场结构综合作用的结果。

表 7-16　行业差异与增利手段选择的差异

单位：%

行业划分	技术创新	降低消耗	提高市场占有率	广告宣传	提高价格
轻工业	50.0	23.3	25.2	1.0	1.0
重工业	41.6	36.6	15.8	0.0	0.5
基础行业	39.0	37.8	15.9	1.2	6.1
非基础行业	60.2	28.2	27.2	0.0	1.9
高利行业	55.1	21.8	21.8	0.0	1.3
非高利行业	40.9	34.1	19.7	0.8	4.5

5. 竞争程度与增利手段。如果说所有制、规模、领导体制是决定企业行为的内部因素的话，那么，行业差异和企业所在市场竞争程度的差异，在某种程度上就是决定企业行为的外部因素（属于市场结构的范畴），见表 7-17。

表 7-17　竞争程度与增利手段的选择

单位：%

竞争状况	增利手段的选择				
	技术创新	降低消耗	提高市场占有率	广告宣传	提高价格
非常激烈	54.1	16.3	28.6	1.0	0.0
比较激烈	40.7	39.5	14.8	0.0	4.9
一般	26.1	52.2	17.4	0.0	4.3
无	45.5	36.4	0.0	0.0	18.2

从表 7-17 我们可以得出以下三点结论：

第一个结论，如不考虑"无竞争"行业，竞争程度越激烈，企业选择"技术创新"的比重越高，从而意味着企业的技术创新意识越强。"无竞争"行业有较高的"技术创新"选择率，在逻辑上只能归因于这一行业所属企业的内部因素，即该行业企业有着促进技术创新的内部因素。笔者认为，这一内部因素可能是"无竞争"行业中特大和大型企业所占比重较高（见表 7-18）。

从表 7-18 可以看出，特大型企业在"无竞争"行业的比重大大高于其他行业，特大型企业和大型企业所占比重之和也高于全部答卷企业 10 个百分点。这一统计事实意味着，尽管这一行业不存在促进技术创新的外部因素，但由于该行业特大型企业、大企型业占绝对比重，且特大型、大型企业创新意识较强，这样，内部创新意识较强就部分地弥补了外部竞争压力不足这一缺陷。

表 7-18　企业规模在竞争程度不同行业中的分布

单位：%

行业竞争程度	企业规模		
	特大型	大型	中型
非常激烈	1.0	71.4	27.6
比较激烈	13.6	57.4	30
一般	8.7	56.5	34.8
无	27.3	54.5	18.2
全部答卷企业	8.4	63.4	28.2

第二个结论，竞争程度越高的行业，选择"提高市场占有率"的企业比重越高，这一方面说明了行业竞争越激烈，企业的

竞争意识越强。另一方面也说明了我们把"提高市场份额"作为反映企业竞争意识的指标是合理的。

第三个结论，"无竞争"行业通过"提高价格"这一手段来增加利润的倾向明显高于其他行业。产生这一统计现象的原因有二：（1）这一行业因多为特大企业和大企业，国家对其产品价格的控制较严格，从而价格水平偏低；（2）该行业集中度很高，如放开或提高价格，企业对价格的控制能力较强，不会因其他企业的博弈反应而丢掉市场。

§7.4　竞争行为1：广告行为

所谓竞争行为，指的是企业为实现自己的目标而进行的决策过程。在这一决策过程中，最重要的企业行为之一是广告行为。

在现代经济生活中，随着竞争程度的日益加剧，广告在传递信息、沟通产销和占领市场方面的作用也日益突出，广告开支成为现代厂商重要的交易费用。在此基础上，产业组织理论对广告行为的研究也不断深入，形成了三种广告行为的理论。

第一种理论是广告信息论。这种理论认为广告的作用主要是沟通信息。他们认为，在实际生活中，企业并不是像经典微观理论所假定的那样，是一个充分的信息接受者，或者说不存在信息费用。不仅在不同市场间，即便是在同一市场内部，信息也是不充分的。为了取得充分的信息，以保证行为的可靠性，就必须花费一定的费用以获取所需信息或使客户得到相应的信息。这一费用就是信息成本，广告费用就是信息成本之一。既然广告的功能是传递信息，那么广告效应就是正向的，一方面沟通产销，促进社会总福利的增加和资源的最优配置；另一方面促进竞争，减少某些企业独占信息产生的垄断。从这一分析出发，就应支持和鼓励企业的广告行为。

第二种理论是广告投资论。这种理论认为，广告是一种投资活动，广告费用是一种流通领域的投资支出，因此企业应从广告行为上得到报酬。既然广告是一种投资行为，那它在本质上就是中性的，既不能说广告的效应是增加竞争，也不能说广告的效应是增加垄断。由此得出的政策结论是，对广告是鼓励还是限制，要以具体的行业为依据，垄断性行业要限制其广告行为，竞争性行业要鼓励其广告行为。

第三种理论是广告垄断手段论。这种理论认为，广告是在竞争中占有优势地位的企业维持其垄断地位、增加其市场份额的手段，从而不利于资源的优化配置和社会总福利的增加。以这种理论为基础的产业组织政策倾向于限制广告。

随着高度集中的计划体制被打破，以市场为基础的分散性资源配置机制开始形成，从而广告也逐渐被我国的企业所接受。为了推进我国企业广告行为的合理化，就需要对其进行深入的研究。表 7-19 是我们这次问卷调查中，全部答卷企业对广告在销售中作用的认识。从中可以看出，认为广告促进销售的作用"非常大"或"较大"的企业已达一半以上（54.5%）。

表 7-19　对广告作用的评价

评价分类	数量	比例 /%
非常大	17	8.0
较大	99	46.5
一般	82	38.5
很小	10	4.7
无用	5	2.3
合计	213	100.0

为了进一步确定：（1）广告是竞争手段还是垄断手段；（2）广告如是竞争手段的话，它在诸竞争手段中的地位，我们设置了"降价""提高产品质量""生产新产品""广告宣传"和"其他"项目供答卷企业选择，见表7–20。

表7–20 企业对竞争手段的选择

单位：%

竞争手段	第一竞争手段	第二竞争手段	第三竞争手段
降价	7.3	7.5	25.7
提高产品质量	78.2	17.6	3.3
生产新产品	14.1	69.3	10.7
广告宣传	0.0	0.5	33.6
其他	0.5	0.5	26.6

结论是，提高产品质量、生产新产品和广告宣传是大多数企业第一到第三位的竞争手段，也就是说，广告在我国基本上被认为是第三位的竞争手段。这一选择都受什么因素的影响？可参考表7–21至表7–22。

表7–21 所有制、企业规模与广告手段的位次

单位：%

所有制	选为第一手段	选为第二手段	选为第三手段
全民	0.0	2.5	33.5
城镇集体	0.0	10.0	40.0
合资	0.0	0.0	25.0
国有特大型企业	0.0	5.9	23.5
国有大型企业	0.0	2.2	27.4
国有中型企业	0.0	1.7	41.7

表 7-22　行业、竞争程度与广告手段位次

单位：%

		选为第一位	选为第二位	选为第三位
行业划分	轻工业	0.0	3.9	40.8
	重工业	0.0	2.0	26.7
	基础行业	0.0	3.7	25.6
	非基础行业	0.0	2.5	39.7
	高利行业	0.0	5.1	34.6
	非高利行业	0.0	1.5	32.6
竞争程度	非常激烈	0.0	3.1	36.7
	比较激烈	0.0	1.2	35.8
	一般	0.0	4.3	21.7
	无	0.0	9.1	18.2

从表 7-21 至表 7-22 中大致可以得出这样几个结论：
（1）所有制与广告手段的选择之间没有发现有规则的差异，这意味着国营企业的竞争环境并不比别的所有制弱。当然，合资企业和城镇集体企业样本偏少，将会影响这一结论的真实程度。
（2）企业规模与广告竞争手段的选择之间有明显和确定的负相关关系。也就是说，企业规模越大，企业选择广告作为竞争手段的比重越低。这再次证明了我国大型企业面临的竞争环境弱，而中、小企业面临的竞争较为激烈，因为它们控制市场的能力逊于大企业。（3）轻工业、非基础行业选取广告作为竞争手段的比重明显高于重工业和基础行业，这意味着轻工业、非基础行业的竞争程度高于重工业和基础行业。由此得出的一个重要推论是：

轻工业、非基础行业的进入壁垒较低。（4）作为对第三个结论的支持，我们可以看到行业内的竞争程度与选择广告作为竞争手段的比重之间存在着明显的正相关关系，行业内竞争越激烈，选取广告竞争手段（第三位）的比重越高。"竞争非常激烈"比"无竞争"行业的选择率竟高一倍（36.7%：18.2%）。

§7.5 竞争行为2：降价行为

与广告行为相比，降价是一种最为激烈、风险也最大的竞争行为，它的目标一般是为了击败对手、扩大市场份额。降价这一竞争手段运用的频率是衡量竞争程度最直接的标志，见表7–23。

表7–23 降价手段运用频率

项目	经常	有时	偶尔	无	合计
数量／家	12	88	67	46	213
比例／%	5.6	41.3	31.5	21.6	100.0

从表7–23可以看到，一半以上（53.1%）的企业基本上不运用降价手段。经常使用降价手段的企业只占全部企业的5.6%。这意味着我国商品经济的竞争程度虽然有了较大提高，但从整体上看仍然偏低。其主要原因有二：一是尚有30%左右的产品价格受国家的直接控制，对此，企业没有定价和调价权；二是国营企业的财务状况不佳（1/3的国有企业亏损），从而无力使用这一"成本"极高的竞争手段。这种情况在表7–24中也得到反映。从表7–24中我们可以看到：在四个具体的竞争手段中，降价基本上是选择率最低的手段。下面分析影响降价手段选择的因素。

表 7-24　所有制、企业规模与降价频率

单位：%

所有制	经常（1）	有时（2）	偶尔（3）	无（4）	（5）=（3）+（4）
国有企业	5.6	42.1	30.5	21.8	52.3
其中：特大型企业	0.0	35.3	41.2	23.5	64.7
大型企业	7.0	40.6	28.9	23.4	52.3
中型企业	3.8	48.1	30.8	17.3	48.1
城镇集体	10.0	30.0	30.0	30.0	60.0
合资企业	0.0	25.0	75.0	0.0	75.0

　　表 7-24 留给我们的突出印象是，企业规模越大，在竞争中基本不运用降价手段的比重越高，这点特大型企业表现得更为突出，这再次证明，企业越大，其控制市场的能力越强，从而越不趋向于采用降价手段。出乎意料之外的是，在我们的调查中，非国有企业在竞争中基本不降价的比重反而高于国营企业。这一现象的原因有待进一步研究。

　　从表 7-25 可以看出，企业是实行厂长负责制还是党委领导下的厂长负责制，对降价手段的使用没有太大的影响。只是采取董事会领导体制的企业更倾向于不使用降价手段，这同表 7-14 关于领导体制与增利手段选择的结论是一致的。至于行业的竞争程度与降价手段的使用频率间则存在着明显的正相关关系，即行业竞争越激烈，企业就越倾向于更多地使用降价手段，反之，基本不使用降价手段的比重就越高。这一明确的正相关关系说明，我们在企业行为研究时，把降价频率作为衡量竞争程度的指标是恰当的。

表 7-25　领导体制、竞争程度与降价频率

单位：%

		对降价频率的选择				
		经常 （1）	有时 （2）	偶尔 （3）	无 （4）	（5）＝（3）＋（4）
领导 体制	厂长负责制 董事会领导下	5.1	42.6	31.3	21.0	52.3
	厂长负责制 党委领导下	0.0	20.0	80.0	0.0	80.0
	厂长负责制	15.4	30.8	15.4	38.5	53.9
竞争 程度	非常激烈	7.1	45.9	27.6	19.4	47.0
	比较激烈	2.5	45.7	39.5	12.3	51.8
	一般	8.7	26.1	26.1	39.1	65.2
	无	9.1	0.0	18.2	72.7	90.9

　　从表 7-26 中可以得出这样一个重要结论：高利行业与非高利行业相比，前者使用降价手段的频率明显高于后者。从表 7-24 到表 7-26 全部 19 种分类中，高利行业"经常降价"和"有时降价"之和占 53.9%。这一统计事实再次证明，企业财务状况的良好和行业利润的相对丰厚是采取降价行为的基础。这样，竞争压力和较高利润是构成降价行为的两个基本要素。凡是这两个条件得到满足的行业，就会出现较为频繁的降价行为。这一结论对于我国企业行为的研究和竞争政策的完善具有重要的意义。

表 7-26　行业差异与降价频率

单位：%

行业	经常 （1）	有时 （2）	偶尔 （3）	无 （4）	（5）=（3）+（4）
轻工业	6.8	41.7	32.0	19.4	51.4
重工业	4.0	41.6	31.7	22.8	54.5
基础行业	4.9	36.6	31.7	26.8	58.5
非基础行业	6.6	44.6	32.2	16.5	48.7
高利行业	7.7	46.2	24.4	21.8	46.2
非高利行业	4.5	38.6	36.4	20.5	56.9

§7.6　竞争行为 3：合并行为

合并是现代产业组织理论着力研究的重要企业行为之一，也是反托拉斯法或反垄断法所处理的主要经济行为。简单地讲，合并就是两个独立经济组织的结合。结合的标志是：（1）成为一个统一的经济法人；（2）接受统一的领导；（3）相互间利润可以转移。

合并的形式有三种：（1）横向合并，指两个和两个以上生产同种商品，或生产具有替代性能产品的企业的合并。由于这种合并会减少竞争企业个数、提高合并企业的市场份额，所以，许多国家是限制或禁止的。（2）纵向合并，是指两个和两个以上其产品具有投入一产出链关系的企业的合并。如果甲企业和为其提供原料、零配件的乙企业合并（如机械厂和钢铁厂），对甲而言，它是后向合并，对乙而言它是前向合并。纵向合并同竞争的关系，现代产业组织理论没有一致的解释，现代反托拉斯实践也没有统一的处理规范。（3）混合合并，是指两个和两个以上其产品既不能替代、也不存在投入一产出链的企业的合并。

　　为了了解我国企业的合并意向和决定这一意向的因素，我们设置了"与生产同种产品的企业""与生产本企业所需原材料的企业""与销售企业"和"与使用本厂产品的企业"四种合并类型，分别简称为"横并""后并""销并"和"前并"。表 7-27 是这次问卷调查中全部答卷企业的合并意向。从中可以看出，选择"后并"的企业最多，这意味着，原材料供应的保证是企业考虑合并的主要因素。这一方面反映了我国原材料等重要投入品的供给仍存在着短缺，另一方面也或多或少地说明我国企业家仍有较强的求"全"思想。下面让我们考察所有制、企业规模、行业和竞争程度与合并类型的关系（见表 7-28），以更深入地把握我国企业的合并行业。

表 7-27　企业对合并类型的选择

项目	横并	后并	销并	前并
数量 / 家	43	93	37	40
比例 / %	20.2	43.7	17.4	18.8

　　表 7-28 说明，不同所有制的企业在合并类型的选择上存在着很大的差异。对国有企业而言，选择率最高的是后向合并，而其他经济成份则是同销售企业合并。这意味着：（1）非国有企业"大而全""小而全"的意识较弱；（2）非国营企业的市场意识更强。产生这一差别的原因可能有二：（1）非国营企业预算约束相对较强，对产品销售的是否顺畅更为敏感；（2）流通组织，特别是批发企业多为国营企业，在政府的干预下，国营生产企业的产品由国营商业、物资部门收购的可能性较大。

表 7-28　所有制、企业规模与合并类型的选择

单位：%

所有制	横并	后并	销并	前并
国有企业	19.8	46.2	15.7	18.3
其中：特大型企业	17.6	35.2	23.5	23.5
大型企业	21.9	48.4	14.1	15.6
中型企业	15.7	45.1	17.6	23.5
城镇集体	30.0	10.0	40.0	20.0
合资企业	25.0	25.0	50.0	0.0

从表 7-29 可以看到，行业划分没有影响我国企业最喜欢的合并类型是后向合并这一结论，重工业、基础工业和轻工业、非基础工业合并类型选择的差异只是：（1）重工业、基础工业选择"横并"的比重低于轻工业和非基础工业，这是因为后两者的企业平均规模较低，从而联合起来以增强其竞争能力的欲望较强；（2）重工业、基础工业选择"前并"的比重较高，这是因为它们主要是上游产业。

表 7-29　行业与合并类型的选择

单位：%

行业	横并	后并	销并	前并
轻工业	22.3	44.7	19.4	13.6
重工业	14.9	44.6	15.8	24.8
基础工业	17.1	43.9	17.1	22.0
非基础工业	19.0	46.3	18.2	16.5
高利行业	21.8	48.7	16.7	12.8
非高利行业	18.2	40.9	18.2	22.7

与行业竞争状况对增利行为、广告行为和降价行为相比，表 7-30 所显示的行业竞争状况的影响不是太规则，但总的来看，竞争激烈的行业选择后向合并的比重高于竞争不激烈的行业，而选择前向合并的比重却低于竞争不激烈的行业。这意味着：（1）我国企业的竞争不仅是市场的竞争，也包括原材料等投入品的竞争，所以，竞争激烈的行业更倾向于和为其提供重要投入品的企业合并；（2）竞争不激烈的行业上游企业相对较多，从而其前向合并倾向也高于下游企业比重偏多的竞争激烈行业。

表 7-30　竞争程度与合并类型的选择

单位：%

竞争程度	横并	后并	销并	前并
非常激烈	22.4	45.9	18.4	13.3
比较激烈	17.3	45.7	16.0	21.0
一般	21.7	30.4	17.4	30.4
无	18.2	36.4	18.2	27.3

如同表 7-27 和 7-28 所显示的那样，虽然国营大中型企业选择"横向合并"的比重与除"后向合并"外的另外两种合并形式差不多，但就具体比重而言却是高于它们。这可能是我国近年来鼓励企业组建企业集团的结果。然而就近年的实践看，是组建紧密型、半紧密型还是松散型的企业集团，意见并不一致。我们在这次问卷调查中，也就这一问题进行了分析，表 7-31 是答卷企业的选择。从此表我们可以看出，选择紧密型企业集团的比率最高，半紧密型企业集团次之，选择松散型企业集团的最少。在我们制定有关组建企业集团的政策时，这一统计现象是非常值得注意的。这意味着多数企业是趋向于组成比较紧密的集团，以获

取规模经济和竞争势力。现在让我们进一步考察所有制、企业规模、行业划分和市场竞争程度对企业集团紧密程度选择的影响，见表7-32。

表7-31　企业集团紧密程度的选择

类型	数目 / 家	比例 / %
紧密型	119	55.9
松散型	39	18.3
半紧密型	46	21.6
其他	9	4.2

表7-32　所有制、企业规模与企业集团

单位：%

所有制	紧密型	半紧密型	松散型	其他
全民	55.3	22.3	17.8	4.6
其中：特大型企业	52.9	35.3	5.9	5.9
大型企业	57.0	18.0	19.5	5.5
中型企业	51.9	28.8	17.3	1.9
城镇集体	70.0	20.0	10.0	0.0
合资	50.0	25.5	25.0	0.0

从表7-32可以看出，所有制和企业规模的差异都没有改变这样两个事实：（1）半数以上的企业选择了紧密型企业集团，（2）紧密程度与选择比重成正相关。这意味着所有制和企业规模对企业集团形式的选择没有太大的影响。

同表7-32一样，表7-33说明行业的划分对企业集团形式

的选择也无太大的影响，依然是较多的企业选择了紧密型，接下来的顺序是半紧密型和松散型。具体而言，轻、重工业的划分对企业集团类型的选择基本上没有影响。非基础行业与基础行业相比，前者选择紧密型的比重高出后者10个百分点，这意味着前者由于规模偏低，更倾向于通过联合以增强实力。高利行业选择紧密型企业集团比重高于非高利行业的原因，可能是前者更倾向于提高规模水平，以增强、巩固其获利较高的地位。

表 7-33　行业划分与企业集团的选择

单位：%

行业	紧密型	半紧密型	松散型	其他
轻工业	56.3	20.4	16.5	6.8
重工业	56.4	22.8	18.8	2.0
基础行业	48.8	25.6	22.0	3.7
非基础工业	59.5	19.8	15.7	5.0
高利行业	60.3	19.2	14.1	6.4
非高利行业	53.0	22.7	21.2	3.0

表 7-34 显示，市场竞争程度对企业集团类型的选择存在极为明显和有规律的影响，即市场竞争越激烈的行业，企业选择紧密型的比重就越高。竞争非常激烈的行业选择紧密型企业集团的比重是无竞争行业的 3 倍。这充分说明了，市场竞争程度是决定企业集团类型的最重要因素。这一结论对于完善我国的企业集团政策有着非常重要的意义。在那些竞争不充分的行业，就不要组建紧密型企业集团，一是企业无此意愿，二是会更加剧无竞争状态。至于竞争激烈的行业，则可在不形成垄断的前提下，鼓励适当的合并。

表 7-34　市场竞争程度与企业集团选择

单位：%

竞争程度	紧密型	半紧密型	松散型	其他
非常激烈	88.1	20.4	16.2	8.1
比较激烈	55.6	22.2	22.2	0.0
一般	30.4	26.1	39.1	4.3
无竞争	27.3	36.4	27.3	9.1

　　至此，我们实证性地讨论了我国企业（主要是国营企业）的行为目标和主要行为，现在我们将主要结论再归纳一遍，作为本章的结束。

　　1. 随着十余年对高度集中的经济体制的改革，我国企业行为的目标已发生了重大的变化，追求利润的增加和企业的成长已成为我国企业的前两位目标。这意味着通过市场配置资源的行为机制已基本具备。这是十余年改革的必然结果，也是进一步深化企业体制改革，最终确立社会主义市场经济的基础。

　　2. 增加职工收入是我国企业的第三个行为目标，是影响企业决策的重要动机。这是我国企业行为短期化的集中表现。然而，这一行为特征与所有制、企业规模、内部领导体制等内部因素并没有太直接的关系，更深层的原因也许要从发展中国家收入较低、增加收入的期望较高这一非体制因素中去寻找。

　　3. 我国企业主要的增利及竞争手段是技术创新，包括提高产品质量和生产新产品。相比而言，广告宣传和降价是较为次要的竞争手段。

　　4. 我国企业更倾向于后向合并，即与为自己提供原材料和重要零配件的企业合并，这意味着，企业合并的主要动机是取得可靠的投入。就联合的程度而言，我国企业较为倾向于紧密型企业集团，以增强竞争实力。

5. 就影响企业行为的内、外部因素而言，市场竞争程度是一个非常重要的因素，它对企业目标、广告行为、降价行为和合并行为均有十分确定和重要的影响。在这个意义上，保证和提高市场的竞争性是优化企业行为、进而优化资源配置的重要方面，这应是我国产业组织政策主要的作用方向。

8章 中国工业企业规模结构与市场运行

企业规模结构在一定程度上反映着规模经济利用和技术进步状况。为此，企业规模结构以及与其相关的市场运行，是关系到资源配置效率和技术进步的重要因素。

本章的主要目的在于考察中国工业企业规模结构的状态及其形成，并从企业规模结构与市场运行相互作用的角度，对资源配置效率和技术进步做出一些分析。

由于经济体制的改革和经济政策的调整，1983年以来乡村工业迅猛发展以及城市工业项目投资出现小型化倾向，导致企业规模结构发生了显著变动，同时市场结构和市场行为也在发生变化。考察这些变化及其原因，对分析我国1979年以来经济增长的效率和工业化进程都具有重要意义。

§8.1 企业规模结构与市场运行

企业规模结构主要指不同规模的企业（如分类为大型、中型、小型企业）在企业总数中的比例关系。

考察工业企业规模结构，本书主要通过分析规模经济利用和交易费用节省来观察资源配置效率，并从企业规模与技术创新和产品开发的关联中观察工业的技术进步状况。

规模经济包括"内部经济效果"和"外部经济效果"两方面。内部经济效果是指，随着企业生产规模的扩大，导致单位投入获得更大的产出。即随着生产规模的扩大，企业的成本出现递减。因为，在一定的产量区间内，生产批量扩大可以使单位产品所包含的管理费用、固定资本费用、交易费用等减少。外部经济效果是指，随着本产业的扩大和企业所在地社会基础设施及其他产业厂商的增加，使厂商的生产成本减少，收益增加。本书着重考察内部经济效果方面的规模经济利用。

如果不考虑经营管理水平、所利用资源的差异、外部条件的不同等因素。可以假设：在多数产业中，在一定区间内，企业规模较大则规模经济效益较好。以这一假设为基础，可以认为，在企业规模结构中，如果大中型企业占的份额较高，则规模经济效益较好；如果专业化协作程度低的小企业占的比重过大，则规模经济效益是不令人满意的。这一假设是比较粗略的。严格的考察应以最佳企业规模为标准。然而，在具有众多差异因素的许多产业中确定一个共同的最佳企业规模几乎是不可能的（哪怕是一个区间）。在下面对某一产业的考察中，主要以技术测定法来确定有利于规模经济利用的企业规模。即主要依据技术资料，测算不同规模企业的可能成本。虽然在市场经济中比较资本收益率测定法和生存技术测定法也是测定最佳企业规模的有效方法，尤其是由 J. 施蒂格勒提出的生存技术测定法被认为更具有科学性[1]，但在中国经济中存在价格扭曲、企业获得生产要素供给的机会不均等、市场竞争很不完全等条件下，这两种方法的局限性更大。

关于企业发展和交易费用的研究表明，现代大企业在减少交易费用方面具有优势。现代大企业将许多市场交易"内化"了，从而能减少交易费用。[2] 为此，就全社会来看，如果小企业过多，则可以认为交易费用可能是过高的。

一般认为，大中型企业由于资金和技术力量雄厚，在新技术和新产品开发上具有优势。为此，如果大中型企业在企业总数中占的比重较大，则有利于推动技术进步。

市场运行由市场结构和市场行为两方面因素组成。市场结构由卖方的数目、卖方集中度、产品差别、进入壁垒等因素组成。市场行为包括价格形成、销售活动、投资、生产决策等因素。由于市场运行涉及的因素很多，本书只着重考察与企业规模结构有关的方面。

企业规模结构与市场运行是相互影响、相互作用的。不同的市场结构和市场行为决定了一定的企业规模结构。同样，一定的企业规模结构形成了某种市场运行模式的特定条件。企业是市场的主要参与者，企业的状态（规模、集中度等）和行为是市场结构及市场行为的重要构成要素之一，同时进入壁垒、投资决策、垄断与竞争状态等市场运行因素又影响或决定着企业规模结构的形成。

具体来说，就企业规模结构对市场运行的作用而言，如果某一产业中大型企业占的份额过高，则容易形成很高的市场集中度，也容易形成较高程度的垄断；如果小企业过多，在存在退出壁垒的情况下，则市场运行中容易出现过度竞争。如果同时这众多的小企业较均衡地分散在各地区，在一定的经济体制下，则容易成为形成地区市场割据的一个重要因素。因为小企业的市场范围一般较小。

就市场运行因素对企业规模结构的影响而言，在某一产业中，在卖方集中度高或垄断程度较高的条件下，小企业在竞争中往往处于不利地位，难以大量发展和形成小企业所占的份额过高的状况；在存在完全竞争的情况下，小企业容易发展，则可能出现小企业所占比重较高的结构；在进入壁垒很强的条件下，某一产业中小企业所占份额则不可能太高，因为小企业进入的难度更大；市场行为中的投资活动，更直接地影响着企业规模结构的形成。如果企业有投资决策权，并容易筹集到较大规模的投资，则大型企业比较容易产生或发展；如果市场中存在合并和兼并的行为，则有利于大型企业的形成和发展，不容易形成小企业所占份额过大的结构。

结构与行为：中国产业组织研究（校订本）

§8.2 我国企业规模结构的演变与现状

根据生产规模的大小，通常将企业分为大型企业、中型企业和小型企业三类。在具体划分中，各个国家的标准并不一致，有的以产品产量为标准，有的以销售额为标准，有的以职工人数为标准，也有的以固定资产价值为标准。

我国企业分类主要根据三个标准来确定。按 1979 年国家统计局制定的《大、中、小型企业划分标准》，对产品比较单一的行业，以企业主要产品年生产能力作为衡量标准。如钢铁、硫酸、汽车、水泥、纺织、造纸、自行车等行业。例如，生产能力达到年产量 100 万吨及以上的钢铁企业，为大型企业；10 万吨至 100 万吨以下的，为中型企业；10 万吨以下的，为小型企业。对产品种类较多的行业，则以企业拥有的固定资产原值为衡量标准。例如，机械工业中的通用设备行业，企业拥有固定资产原值 3000 万元及以上的，为大型企业；800 万至 3000 万元以下的，为中型企业；800 万元以下的，为小型企业。

1953 年以来，由于经济体制和市场运行的变化，企业规模结构也几经波动。几次较大波动的主要倾向，均是低于合理经济规模和专业化程度较低的小企业发展过多过快，降低了资源配置的效率。实行改革后的 80 年代，兴办企业的愿望大大增强，创办小企业的条件也更具备，热情创办小企业的机制发展了，但同时兼并等机制尚未建立，以致企业规模结构中出现了大中型企业所占份额显著降低的倾向。

（一）1953—1978 年企业规模结构的演变

1953—1957 年企业规模结构是比较有利于规模经济的。20世纪 50 年代末"大跃进"中提倡"土法上马"，盲目发展了大批小企业；70 年代又提倡办"五小工业"，大中型企业所占比重下降，企业的专业化程度又很低，在推行重工业为主导的工业化初期，这种状态必然导致规模经济效益的下降。

1953—1957 年，由于开始实行第一个五年计划，在苏联的援助下建设了一批大中型骨干企业，并对资本主义工商业进行了改造（包括一系列企业的合并和淘汰），大中型企业所占比重趋向增加。这时期的企业规模结构是趋向合理的。例如，棉纺织厂的平均规模由 1949 年的 2.02 万纱绽扩大到 1957 年的 4.36 万纱绽。3 万绽以下的小型企业在棉纺织企业总数中的比重由 1949 年的 74.8% 下降为 1957 年的 39%。而 6 万纱绽以上的大中型企业由 1949 年的 28.8% 上升到 1957 年的 42.2%。在工业化初期，尤其是实行重化工业为主导的工业化，大中型企业比重增加是有利于获得规模经济效益的。因为，重化工业一般具有生产批量越大，规模效益越显著的特点。

1958—1969 年，是企业规模结构出现较大波动时期。1958 年在"大跃进""大炼钢铁"等政策指导下，盲目兴建了大批企业，尤其是"土法上马"兴建了大量的小型企业。企业总数由 1957 年的 17.0 万个猛增到 1958 年的 26.3 万个，一年间增加了 54.7%。1961—1962 年，伴随着经济调整政策的实行，对企业也进行了新中国成立以来最大的一次"关停并转"调整，企业总数由 1958 年的 26.3 万个下降为 1963 年的 17.0 万个（见表 8-1），大中型企业所占的比重又开始回复到接近 1957 年的状态。

表 8-1　工业企业总数及企业结构

年份	企业总数（万个）	大中型企业	
		占企业总数（%）	占工业总产值（%）
1957	17.0		
1958	26.3		

年份	企业总数 （万个）	大中型企业	
		占企业总数 （%）	占工业总产值 （%）
1959	31.8		
1960	25.4		
1963	17.0		
1965	15.8		
1970	19.5	2.05	54.8
1973	23.1	2.16	51.8
1975	26.3	2.16	51.0
1976	29.4	2.04	49.4
1977	32.3	2.04	49.7
1978	34.8	1.26	43.4

注：1978 年大中型企业占企业总数的比重出现较大下降，是由于该年统计局对大中型企业的划分标准进行了调整。

资料来源：《中国统计年鉴》（1983）；《中国工业经济统计资料》（1949—1984）。

1970—1978 年，由于 1970 年政府提出大办"五小"工业的政策（即小钢铁厂、小水泥厂、小化肥厂、小煤窑、小水电站），以及提倡发展社队企业，全国的企业总数迅速增加，由 1970 年的 19.5 万个增加到 1978 年的 34.8 万个，由于这期间发展的多数是小企业，以致小型企业占企业总数的比重由 1970 年的 98.0% 上升到 1977 年的 97.9%，小型企业占工业总产值的比重也由 1970 年的 45.2% 上升为 50.3%。在这时期重工业比重出现上升的情况下，小型企业占的比重却大大增加，可以说，这期间的规模经济效益是下降的。

分析企业规模结构总的状态变动，只是考察了规模经济状况的一个方面，还要结合特定产业的技术经济特点和专业化程度来分析，才能比较全面地反映规模经济状况。

令人遗憾的是，在 70 年代，由于实行发展"五小"工业的政策，中国在一些应该实行大批量生产的产业中办起许多小型企业，结果只能是规模经济效益的下降。如钢铁、化肥、水泥等产业，一般是生产批量越大，越能获得显著的规模经济效益。实践也证明，全国的小钢铁厂、小化肥厂由于生产批量太小，成本过高，亏损严重。1978 年"小钢铁"亏损 9 亿元，"小化肥"亏损 8 亿元。就水泥生产来看，企业的平均生产规模呈下降趋势，且不少年份低于最低经济批量——年产量 2 万吨以上，1957 年平均每个企业的年产量为 20.18 万吨，1959 年为 0.58 万吨，1965 年为 3.04 万吨，1975 年为 1.08 万吨，1978 年为 0.85 万吨。

由于体制上的问题，中国企业的专业化程度很低，这是中国经济管理部门和经济学家一直认识到，但又难以解决的一大难题。"大而全""小而全"是中国企业的普遍现象。机械工业企业几乎都有自己的铸造车间和锻造车间，企业自铸件占 80% 以上，自制锻件占 90% 以上。而美国企业自制铸件在 40% 以下，日本自制锻件只占 15% 左右。全能厂的结果是工艺落后，生产批量小，成本高，效率低。我国铸造车间平均每人每年生产量不到 7 吨，而国外专业厂生产量都在 50～60 吨，相差 8～9 倍。[3]70年代英、美、日、西德等国汽车生产专业化程度都达到 95% 左右，而我国只有 30%。

（二）现阶段企业规模结构状态

1979 年实行改革之后，市场结构和市场行为发生了很大变化，农村工业企业出现了迅猛的发展，城市工业投资也出现了小型化、轻型化倾向，使小型企业大量增加，原来大中型企业比重偏低的状况进一步恶化了。因为农村工业绝大多数是小型企业，城市发展的新企业也以小型企业为多。同时，过去一直存在的专业化协作程度低的问题仍未有显著改善。

这时期中国企业规模结构中，不但大型企业个数占企业总数的比重过小，而且大型企业产值占总产值的比重也偏低。世界银行1984年经济考察团曾提出：与其他国家相比，中国的大型企业极少。1983年，中国工业中职工达243人以上的企业仅占5人以上企业总数的0.6％，大大低于美国占7.1％、日本占2.2％、朝鲜占4.3％、印度占4.4％和匈牙利占65.1%的比重。[4] 根据我国的企业规模划分标准，1988年，我国大型工业企业个数仅占企业总数的0.27％，产值占工业总产值的27.53％；中型企业个数占企业总数的0.65％，产值占总产值的17.63％（见表8-2，村以下办企业未统计在内）。大型企业占企业总数的比重和占总产值的比重都过低，说明我国工业的集中程度和规模经济效益不高。1970年日本制造业中1000人以上大型企业占企业总数的0.1%，虽然这一比重不高，但产值比重却达到30%。[5]

表 8-2　我国工业企业规模结构

单位：%

年份	大型企业		中型企业		小型企业	
	占企业总数	占总产值	占企业总数	占总产值	占企业总数	占总产值
1980	0.37	25.10	0.90	18.10	98.72	56.80
1985	0.21	25.30	0.51	17.50	99.27	57.10
1986	0.23	26.60	0.54	17.30	99.22	55.90
1987	0.24	27.15	0.58	17.26	99.17	55.60
1988	0.27	27.53	0.65	17.63	99.08	54.84

注：企业总数和总产值均包括乡办以上独立核算工业企业和村办工业企业，村以下办工业未统计在内。

资料来源：《中国统计年鉴》（1987、1988、1989）；国家统计局工业统计资料（1981、1986、1987、1988）。

如表 8-2 所示，从 80 年代的动态来看，80 年代中、后期大中型企业占的比重都比 1980 年显著下降。1980 年大中型企业占企业总数的 1.27％，1985 年下降为 0.72％，1988 年为 0.92％；1980 年大中型企业产值占总产值的 43.2％，1985 年下降为 42.8％，1988 年有所上升，为 45.2％。1985 年大中型企业所占比重出现较大下降，为最低点。主要是因为该年处于农村工业迅猛发展的高峰和城市投资项目出现明显小型化倾向时期，[6] 小型企业急剧增加。1988 年大中型企业所占比重比 1985 年有所上升，是由于 1986 年之后农村工业发展速度相对减慢，城市投资中大中型项目有所增加，同时，企业联合的发展、企业扩建和技术改造的增加，均使大中型企业有所增加。然而，与 1980 年相比，1988 年大中型企业在企业总数中占的份额仍是显著下降。

以上分析的企业规模结构是根据按村办工业以上的企业总数统计的，如果将几百万个村以下所办工业企业全部统计在内，则大中型企业占的比重更低。根据表 8-3 的统计口径分析，1988 年大中型企业仅占全部企业总数的 0.13％，而且比 1980 年占 0.46％降低了 0.33 个百分点；1988 年大中型企业产值仅占全部工业总产值的 40.37％，比 1980 年占 43.17％降低了 2.8 个百分点。

表 8-3　按全部工业企业统计的企业规模结构

单位：%

年份	大型企业		中型企业		小型企业	
	占企业总数	占总产值	占企业总数	占总产值	占企业总数	占总产值
1980	0.37	25.06	0.09	18.11	98.73	56.82
1988	0.04	24.61	0.09	15.76	99.87	59.63

注：企业总数和总产值均包括村以下办工业。

资料来源：《中国统计年鉴》（1981、1989）。

从具体产业来考察，我国一些应该实行大批量生产、规律经济效益显著的行业，在企业数量已经偏多、规模偏小的情况下，小企业数量仍在猛增，平均生产规模趋势下降。而工业化的一般趋势，是随着资本形成增加和技术进步，一些规模经济显著的产业中大中型企业所占份额趋势增加，企业的平均生产规模趋势上升，这样才有利于经济效率的提高。

例如，纺织业是规模经济比较显著的产业，但我国纺织业企业结构中，大型企业占的份额很低（见表8-4）。1988年，按乡及乡以上独立核算企业统计，大型企业仅占企业总数的1.43%，大型企业产值占纺织业总产值的23.60%，中小型企业产值占的份额高达76.40%。我国纺织业中中小企业占的份额大大高于日本同行业。日本纺织业中中小型企业产值占行业总产值的比重，1955年为55.9%，1960年为57.4%，1965年为61.6%，1970年为66.0%。[7]这一分析与比较还没有包括我国纺织业中众多的村办企业，但村办纺织企业已达1万多家，绝大多数是小型企业，如果统计中加上这部分小型企业，则我国纺织业中小企业占的比重更大了。从80年代的动态来看，表8-4中大中型企业所占份额趋势上升，大型企业由1984年的144个增加到1988年的345家，但如果考虑到未统计在内的村办企业的更大量增加，大中型企业所占比重的上升并不显著。村办纺织工业企业，1985年有14851个，1988年增加到18889个。[8]

表8-4　纺织业企业规模结构

单位：%

年份	大型企业		中型企业		小型企业	
	占企业总数	占总产值	占企业总数	占总产值	占企业总数	占总产值
1984	0.73		2.07		97.20	

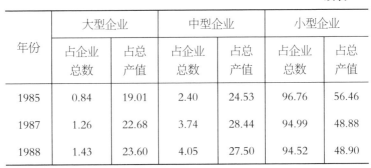

年份	大型企业		中型企业		小型企业	
	占企业总数	占总产值	占企业总数	占总产值	占企业总数	占总产值
1985	0.84	19.01	2.40	24.53	96.76	56.46
1987	1.26	22.68	3.74	28.44	94.99	48.88
1988	1.43	23.60	4.05	27.50	94.52	48.90

注：企业总数和总产值均包括乡及乡以上办独立核算纺织工业企业，村及村以下所办企业未统计在内。

资料来源：《中国统计年鉴》（1985、1986、1989）；纺织工业部《纺织工业统计年报》（1984、1985、1988、1989）。

进一步考察纺织业中的棉纺织业。棉纺织业的规模经济呈下降趋势。一般认为，棉纺企业的最低生产规模应在3万锭以上。1985年我国乡以上独立核算的棉纺企业有6619家，共拥有2323.7万棉纺锭，平均每家企业只有0.35万锭，远低于最低合理经济规模。[9]1985年之后，一些产棉地区仍在迅速发展小棉纺厂，棉纺织业的规模经济呈进一步下降趋势。例如，河南省到1988年新发展的小棉纺厂有180多家，共拥有50多万棉纺锭，平均每家企业的生产规模只有0.28万棉纺锭。[10]

在一定范围内，水泥生产一般是生产批量越大，成本越低。1985年我国水泥生产企业已有5016个，1986年增至5427个，增加411家，平均每个企业年产量只有3.05万吨（均不包括村办企业）。1986年乡办和村办水泥企业有3865个，基本上都是小型企业，平均每企业产量只有0.94万吨，远低于最低合理规模。1988年，全国乡以上办的水泥厂达5506家，平均每个企业年产量只有3.81万吨；乡办和村办水泥企业有4674家，平均每家企业年产量只有1.18万吨，大大低于最低限的经济规模。[11]

适宜较大批量生产的造纸业的企业经济规模也是偏低。1985年全国造纸企业有 4153 家（按乡以上独立核算企业统计），每家企业平均年产量为 0.21 万吨；1988 年生产企业增至 5360 家，每家企业平均年产量只有 0.24 万吨。[12]

我国产业组织中不但存在大型企业比重偏低的缺陷，还有专业化协作程度低的弊病，改革以来这一弊病并无多大改变。这两个缺陷同时存在，更影响了我国工业的生产率和竞争力。一些国家的情况表明，如果是专业化程度很高，实行科学管理，中小型企业的生产率也不一定很低。比如，由于专业化协作度提高，日本从 60 年代之后大型企业与中小型企业的生产率差距呈缩小趋势。1960 年中小型企业的附加价值生产率为大型企业的 46%，1970 年则上升为 56%。[13] 而我国这方面的差距极为悬殊。1986年，我国全民所有制大型企业的全员劳动生产率为 19699 元 / 人，而集体所有制（包括乡办工业）小型企业的全员劳动生产率为 8313 元 / 人，只是大型企业的 42%。[14]

（三）关于我国企业规模结构现状的几点分析

可以将前面的分析概括为下面几点：

1. 从总的构成来看，80 年代小型企业大量增加，原来就偏低的大中型企业所占比重进一步下降。

2. 从具体产业来观察，一些规模经济效益显著的产业中，小型企业占的比重过大，企业的平均规模过小。

3. 从 80 年代的动态来看，由于乡村工业迅猛发展和城市投资项目倾向小型化，80 年代中期小型企业增加最猛，大中型企业在企业总数中所占比重降至最低点。1987 年之后，由于农村工业发展相对减缓，大中型投资项目增加，以及企业扩建、改造的增加，大中型企业所占比重有所上升，但仍低于 80 年代初的水平。

4. 我国不但规模偏低的小型企业占的比重过大，而且大部分小型企业的专业化协作程度比较低，两者结合在一起，严重影

8 章　中国工业企业规模结构与市场运行

169

响了资源配置的效率。经验表明，在一些产业中，小型企业如果是专业化和协作程度很高，那么效率并不一定很低。例如，日本实行承包制的众多小型企业，不少在生产效率方面接近于大中型企业。

5. 如果不考虑垄断与竞争、决策与调节机制的差异等因素，假设在大多数产业中大中型企业能获得更好的规模经济效益，那么可以认为，80 年代中后期我国小型企业所占比重过大的企业规模结构，可能导致规模经济效益的下降。

6. 在中国这样市场很不发达、信息传送与处理也欠发达的环境中，小型企业比重过大，从社会总交易费用的角度来观察，会导致交易者和交易次数不适当地增加，产生交易费用的不经济的状况。而现代大企业通过管理协调可以将许多这样的市场交易"内化"。

7. 小型企业迅速增加，大中型企业所占比重下降的状态，也会对工业技术进步造成不利的影响。小型企业，尤其是其中的乡村企业，由于在资金规模、技术力量、发展的稳定性等方面的局限，在开发新技术、新产品以及采用新技术设备方面显然不如大中型企业。

§8.3　我国市场运行的特征及其对企业规模结构演变的影响

中国在不同时期企业规模结构的变化与市场运行特征的变动是紧密相联的。20 世纪 80 年代小型企业所占份额大幅度上升的重要原因，是市场运行中出现了一些有利于小企业发展和存在的因素。

（一）中国市场运行分析

鉴于中国曾是实行集中计划为主的经济以及改革后出现计划

调节与市场调节并存的经济，如果完全套用经济学中已有的市场运行分析框架就会有很大局限。因为现有经济学中关于市场运行的分析是以市场经济为主要对象的。参考经济学中已有的分析框架，并考虑到中国经济运行中的一些特殊性，笔者试图在市场运行分析中着重考察以下几个方面以及相关因素。

1. 垄断与竞争状态。可以概括为以下几种类型：

（1）完全垄断。指某产品只有单一的生产者，不存在该产品的替代品，生产者对价格有很大控制能力。

（2）寡头垄断。某产品只有几个生产者，产品的差异很少或没有差别，对价格有一些控制能力。

（3）计划性垄断。在集中计划体制下，企业的创办、原材料购进、产品销售、企业的扩大或关闭等都由中央计划部门决定，从而形成一种特殊的市场垄断状态。在这种状态中，某产品的生产者多少由中央计划部门决定，有时只有单一的生产者，有时存在几个或多个生产者，产品可以没有差异，也可以具有差别，但生产者对价格均无控制能力，价格基本上是固定的，由中央计划部门制定。

（4）地区性垄断。指某产品在全国来看生产企业众多，垄断程度很低，但是某一地区的生产者却在一定区域内处于垄断状态，其他地区的生产者很难进入。当地生产者或地方经济管理部门对价格有一些控制能力。

（5）完全竞争。该产品存在许多生产者，所生产的产品无差异，生产者对价格没有控制能力。

（6）不完全竞争。某产品存在许多生产者，所生产的产品具有真正的差别，生产者对价格具有一些控制能力。

（7）过度竞争。是指在垄断程度低的产业中，生产企业过多，许多企业的利润率很低或陷于亏损状态，但生产要素和企业却不能顺利地从该产业退出，使低的或负的利润率长期存在。[15]

2. 进入与退出壁垒。

（1）进入壁垒。这主要是指在一个产业中，新企业要进入存在很多障碍。在一般市场经济中，由于企业创立初期因经济规模较小和推销费用高导致成本高于原有厂商，以及技术垄断、创业投资规模大等原因，在某些产业中增加新企业存在很大困难。在中国经济中，由于投资体制、物资供应体制、劳动人事体制等方面的特殊性，进入壁垒中还具有一些独特的障碍。

（2）退出壁垒。这是指在一些长期不景气产业、衰退产业和存在过度竞争的产业中，企业尽管长期利润率很低或亏损但也不容易从该产业退出。退出的方式有破产、转向其他产业经营，或被其他企业兼并。在市场经济中，形成退出壁垒的因素包括：①固定资产的损失。不少产业中企业的固定资本常常具有很强的专用性，使固定设备的转用或转卖存在很大困难，企业往往只好将经营维持下去，努力收回投资。②劳动者解雇费用或转产培训费用的额度。如果过高，企业退出就有困难。③综合生产。生产系列产品的企业，为了维持其他产品的生产。即使某一产品的需求不景气，也不得不生产下去。④法律和行政的制约。为了保证某些产业的稳定性，政府对这些产业中企业的退出予以限制。[16] 在 80 年代的中国经济中，由于不存在破产和兼并机制，要素市场基本不存在或尚待建立，企业退出壁垒有时反而具有更大的障碍。

3. 投资行为和经营决策。投资行为这里主要观察投资主体的变动以及决策者的投资偏好。经营决策主要分析市场运行中是否存在大量的企业间合并或兼并以及企业在经营方向上是否具有决策权。

（二）1953—1978 年的市场运行及对企业规模结构的影响

1953—1978 年，这一时期中国的经济体制基本上属于集中计划体制，市场又长期存在供给的总量性短缺，市场运行基本上处于垄断状态，企业规模结构的变动主要受计划决策偏好的影响。

1. 计划性垄断占主导地位。在集中计划体制下，形成垄断占主导几乎是自然而然的。一方面，这种体制的一个重要指导思想是，竞争是资本主义的伴生物，它结果导致了社会资源的浪费。由于当时否定商品经济的存在，夸大地看待竞争的消极的一面，计划制订者就力求在生产和销售中避免竞争的出现。另一方面，在集中计划体制下，企业的创办、经营方向和产品品种、企业的生产与销售，均由层层经济管理机构所控制，出于避免竞争的考虑，计划决策者一般是不允许在某一产品的生产上出现过多的生产者（一些出于地方利益考虑的决策除外），在商业经营上也是如此。批发企业和零售企业往往被指定向一定地区、一定的企业进货，企业想向非指定地区或非指定企业采购，一般是不允许的。从理论上而言，如果集中计划中决策得当，在项目投资中考虑规模经济，计划性垄断也具有使企业结构合理化的一面。然而，由于中国的集中计划不够彻底和很不完善，除"一五"计划时期之外，计划决策中的一些失误（如鼓励发展"五小"工业等）使50年代末和70年代出现小型企业发展过多的状况。

2. 地区性垄断。由于经济体制的缺陷和商品经济很不发达，中国一直未形成全国的统一市场。地区性市场垄断长期存在。几十年间，中央对地方的经济管理权曾几度集中、几度下放。尤其是70年代初出于备战的考虑，鼓励各省自成工业体系，使地方所属的工业企业发展很快。许多地方政府出于增加当地财政收入和维护当地企业生存发展的考虑，常常指令当地商业部门收购销售地方产品，抵制外地同类商品的进入，从而形成一种地区性市场垄断。也就是说，各省市之间实际上存在程度不同的贸易保护主义。不少企业尽管规模不经济以及生产成本大大高于其他地区的同类企业，但由于这种地区性垄断的存在，使它们能够得以生存甚至发展。

3. 进入与退出壁垒。在集中计划体制下，由于企业基本上没有投资和改变经营方向的决策权，所以可以假设，在这种状况下几乎不存在进入壁垒问题。因为，要进入某一产业，决策由中央计划部门作出，投资由国家提供，初期成本高低也无需考虑。因为企业没有独立的经济利益，利润全部上交，亏损由国家补贴。退出壁垒问题与进入壁垒有些类似。由于损失由国家承担，且由于这一时期处于工业化初期，国家安排一些职工重新就业也不太困难，加上这时期大部分产业尚处于成长期，退出壁垒问题较少发生，障碍也不太大。所以，几乎可以认为，这时期进入与退出壁垒因素对企业规模结构演变的影响很小。

（三）1979年之后的市场运行特征

1979年中国实行改革开放之后，市场结构和市场行为处于一种复杂的状态，很难用一个简单的概念或模型将其概括，这里暂将其称为"计划性垄断与不完善市场竞争并存的市场运行"。这种市场运行状态加剧了企业规模结构的不合理状况。

在80年代的中国经济中，集中计划直接控制调节的程度和范围已大大缩小，市场调节（严格地说只是一种很不完善的市场调节）在1985年之后已占较大比重。例如，到1986年，在工业方面，国家计划委员会下达的指令性计划产品已从过去的120种减少到60种，其产值由占工业总产值的40％下降到20％左右；在流通领域，国家统配物资已从过去的256种减到26种，其余品种基本上由市场调节。在统配的品种中，也有一部分是由市场调节的。

市场生产者和市场行为也发生了很大变化（详见第7章）。在工业领域，过去生产者只有国营企业和少数集体企业。现在，主要的生产者可分为四类：国营企业、城市集体企业、农村企业（到1988年农村工业企业产值已占全国工业总产值的25％）、合资和独资企业。各类企业的市场行为也有很大差异。国营企业尤其是其中的大中型企业，其价格形成、购销活动、投资决策、研究开发等受指令性计划控制的程度仍比较高；其他三类企业，尤其后两类企业的市场行为受指令性计划控制的程度很弱，自身具有较大的决策权，主要由市场机制所支配。

计划性垄断仍然存在。就工业领域而言，在一些基础性产业及其他产业，计划垄断仍占主要地位。如钢铁、石油化工、汽车、船舶、飞机、化学纤维、大中型机电设备等产业，生产者主要是大中型国营企业，其市场行为主要受集中计划所支配。在多数计划性垄断的产业中，企业规模结构尚能保持较为合理的状态，较少出现规模不经济的小企业增加过多的现象。

地区性垄断在一些省市有加强趋势。实行地方财政包干以及其他扩大地方决策权的改革，使地方的独立利益进一步强化。出于维护地方的财政收入、发展地方工业等动机，地区性垄断加强了。尤其是在1989年下半年出现全国性市场疲软以来，不少省市采取了公开或隐蔽的地区市场封锁政策。这一趋势使许多规模偏小、低效率的小企业得以长期维持，并导致过度竞争的出现。

不完全竞争。某些工业设备、电子、纺织等产业处于这种状态，但生产者对价格只在国家计划规定的一定范围内有一些控制能力。

完全竞争。家用电器、一般日用工业品、水泥等产业基本上处于这种状态。如洗衣机、电视机、录音机等行业，全国生产厂家众多，产品的品种、质量并无太大差异。

过度竞争。1986年之后这种状态逐渐增强。如棉纺织、自行车、缝纫机、手表、通用机床、矿山机械等产业。1989年之后，电冰箱、洗衣机、录音机行业处于明显的过度竞争状态。生产企业过多，生产能力超过需求，企业的设备开工率很低，不少企业处于亏损或低利润状态。

尽管存在一些完全竞争和过度竞争，但由于退出障碍和地区性垄断的保护，企业间仍然较少出现合并或兼并行为，许多低效率的小企业仍然得以生存。

（四）1979 年之后市场运行对企业规模结构演变的主要影响

1. 投资行为变化导致城市工业中小型企业大量增加。1979 年之后，中国的投资体制进行了较大的改革。（1）投资主体出现了多元化。过去基本上只有国家这个单一的投资主体，地方政府虽然也搞过一些工业项目投资，但占的比重很小。改革之后，除国家之外，各级地方政府、企业、乡村集体等都已成为重要的投资主体。各级地方政府为了增加财政收入、扩大就业等，努力发展工业项目；企业致力于扩大规模或建新的分厂，以获得更多的企业留利；乡村集体在一些优惠政策的鼓励下，兴办工业的劲头很高。（2）投资决策出现了分散化。过去投资决策权基本上集中在中央计划部门手中，80 年代中期之后，除中央计划直接控制和 3000 万元以上的大型项目之外，地方政府、企业、乡村集体等都具有一定的投资决策权。

投资体制出现多元化和分散化，对调动各方面增加投资的积极性，增强供给对需求适应的灵活性等方面产生了积极的效果，但在投资责任不明确、市场调节极不完善的条件下，也出现了小型化、轻型化（过度向轻工业倾斜）和盲目性增加的倾向。由于资金市场尚待建立，地方、企业和乡村集体一般难以筹集到大型项目所需的资金。而且项目越大上报审批的环节程序就越多，加上小项目又具有投资回收期短、见效快的特点，投资项目出现小型化倾向是难以避免的。投资多元化和分散化，也使中央计划管理部门对投资的控制能力大大削弱，对大部分投资的方向及其经济规模难以进行有效的干预。

投资项目倾向小型化的直接结果，是新增企业中小型企业大量增加。

2. 企业规模增长的障碍。中国大中型企业数量较少的重要原因之一是企业规模增长具有很大的障碍，原有企业中难以发展成长出新的大企业。在我国工业中，由一个小型企业逐步发展扩大成大中型企业的情况并不多见，多数大中型企业均是创办时建立的规模。

企业规模增长一般有两种方式。一种方式是内部性增长，即企业自身依靠扩大设备投资或促销投资来扩大生产规模。增加设备投资能直接扩大生产能力，增加促销投资（广告宣传、售后服务等）能扩大市场占有率，进而扩大销售量和生产量。另一种方式是外部性增长，即企业通过兼并其他企业扩大生产规模。其中，横向兼并是提高企业规模经济效益的有效方式。它能够直接扩大企业生产某一产品的经济批量，有可能降低生产成本和销售成本。

在我国，企业规模的内部性增长具有很大障碍。在改革前，由于企业缺乏投资决策权，内部性增长的可能性很小。1979年之后，虽然企业有了一些投资决策权（主要限于自留利润中用于发展生产部分），但由于企业留利很有限（一般为利润总额的30%左右），贷款要经层层管理部门审批，资金市场尚未建立，利用股票方式集资很少出现，企业要自行扩大投资仍面临很大困难。同时，在全社会固定资产投资中，重新建轻改造（包括扩建）的倾向仍然存在，大部分投资用于新建企业。1981—1985年，用于企业技术改造的投资只占全社会固定资产投资的30.3%。[17]这种投资倾向也严重影响了企业规模的增长。

企业规模的外部性增长在改革的头十年仍很少出现。企业破产、兼并机制几乎不存在。企业既有所有制不同之分（如全民、集体、合资等），又有隶属关系不同之别。就同是国营企业来说，又往往分别属于中央企业、省市属企业、县属企业，有着不同的利益关系，使企业之间很少发生合并或兼并。

3. 市场参与者的重大变化。这一变化是以乡村工业企业迅猛发展为主要标志的。1979 年之后中国工业发展的一个重要特征，是乡村工业企业纷纷创立，1985 年乡办和村办工业企业为 84.97 万家，1988 年达 97.15 万家，[18]农村工业 1979—1988 年平均增长 20%以上，在整个工业中占的份额日益上升。农村工业的迅速发展，在推动经济增长、实现农村剩余劳动力转移等方面作出了积极的贡献。但就其对企业规模结构的影响而言，则是有所不利的。因为农村工业中大多数是规模偏小的企业。

由于国家很少直接向农村工业投资，农村工业企业的投资主要来自一个乡、一个村或几家农户的集资，带有很强的狭小地域限制和途径限制，所以其项目投资规模一般偏小，这决定了农村工业中大中型企业很少出现。从表 8-5 中可见，1986 年，乡村工业平均每个企业产值为 20.80 万元，人均 0.61 万元；平均每个企业拥有固定资产原值 8.83 万元，人均 0.26 万元。而同年全民所有制工业平均每个企业产值为 719.85 万元，是乡村企业的 34 倍；全民所有制独立核算工业企业平均每企业固定资产原值为 956.56 万元。

表 8-5　乡村工业企业规模

年份	企业数 /家	职工人数 /万人	产值		固定资产原值	
			平均每企业 /万元	人均 / 万元	平均每企业 /万元	人均 / 万元
1985	817554	2577.53	16.81	0.5334	6.98	0.2214
1986	858684	2896.24	20.80	0.6168	8.83	0.2619
1988	955478	3337.08	37.42	1.0714		

注：以上企业只包括独立核算乡办工业企业、村办工业企业。

资料来源：本章注释。[11]

4. 进入与退出壁垒的影响。（1）进入壁垒及其影响。在汽车、电子设备、钢铁、有色金属、石油化工等创业规模较大、需要一定技术力量的产业，由于大型投资项目（如5000万元以上投资）的决策权仍集中在中央计划部门，而且这些产业的原材料供给受集中计划控制的程度也较高，所以存在明显的进入壁垒。在其他创业投资规模较小、需要技术力量不是很高、原材料供给受计划控制较少的产业，新企业进入的障碍并不大。由于市场竞争很不完全，存在地方保护主义以及企业的软预算约束性质，不少企业可以较少考虑成本高低的因素，也在一定程度上减弱了进入障碍。相对而言，在进入难度大的产业中，企业规模结构更趋向合理一些，大中型企业占的份额一般较高，因为进入障碍使小企业难以大量发展。（2）退出壁垒障碍及其影响。由于中国经济1986年之后进入结构高变换率时期，一些产业进入衰退期，加上投资决策上的一些失误和盲目性，退出壁垒问题开始明显暴露。许多企业长期亏损仍未退出原产业。如国防工业中的一些企业、毛纺织、棉纺织、通用机床、某些农业机械行业等，虽然产品无需求前景或存在过度竞争，但许多企业并没有退出。因为，中国经济中破产、兼并机制仍基本不存在，要素市场尚待发育，企业关闭后失业职工的安置存在很大困难。不过，在基本上自负盈亏、具有自主决策权的农村工业企业中，退出壁垒障碍比较小。退出壁垒高的产业中，小企业占的份额往往较高，且容易出现过度竞争。

5. 市场运行调控中缺乏产业组织政策。为了促进企业规模结构的合理化，提高市场运行效率和国际竞争力，许多国家通过产业组织政策来指导企业进行合并和改组。日本政府六七十年代提出的合并与改组政策，促进了一批大企业的形成，对提高规模经济效益和增强国际竞争力，发挥了重要作用。

除60年代初经济大调整时期进行过一次合并和改组之外，

我国未提出过有关企业规模结构合理化的产业组织政策。在"七五"计划第一次比较系统地提出的产业政策中，也没有包含产业组织政策。这一缺陷，使政府在控制和指导企业规模结构变动上缺乏目标和措施。不过，由于中国微观经济机制的缺陷和企业产权关系复杂，即使提出了合并与改组政策，如果不改革企业体制特别是产权制度，也可能难以达到所设想的效果。例如，不但国有企业与集体所有制企业之间由于产权不同难以合并，而且国营企业之间如果不隶属于同一地区同一部门，也难以合并，因产权与管理权分别属于不同的地方政府和管理部门。

§8.4 促进我国企业规模结构合理化和提高市场运行效率的对策

针对我国现阶段企业规模结构和市场运行存在的主要缺陷，近期（三年左右）促进企业规模结构合理化的主要目标，是鼓励发展大中型企业，将大中型企业在企业总数中的份额，提高到2%左右（按村办以上企业统计），大中型企业产值达到占工业总产值的50%左右；提高规模经济效率，减少交易费用，促进技术进步；加强小企业的专业化协作，提高小企业的效率。近期提高市场运行效率的主要目标，是除一些特殊产业外（如铁路、航空、国防工业等），逐步减少计划性垄断；除一些边远落后地区和少数民族地区外，消除地区性垄断；鼓励和发展合理竞争，减少过度竞争，减弱进入壁垒和退出壁垒，尤其要着重减弱退出壁垒。

前面的分析表明，我国企业规模结构和市场运行的缺陷，从一个侧面反映了经济体制的弊病和某些经济政策的不完善。为此，要促进企业规模结构合理化和提高市场运行效率，还依赖于经济体制改革的推进和产业政策的完善。

（一）改革企业融资机制

形成我国企业规模增长障碍和多数新企业规模偏小的重要原因之一是企业缺乏有效的融资机制。现阶段主要是通过银行贷款筹措投资，资金筹措的渠道过于单一，也缺乏灵活性。

可考虑在继续完善间接融资的同时，逐步发展直接融资和金融市场，促进股份制的进一步发展，实行国家股份、地方股份、企业股份、个人股份等方式并举。现代经济史表明，股份制是发展现代商品经济的一种有效方式。通过股份制，首先，无论是创办新企业还是扩大现有企业规模，企业都有可能迅速聚集较大规模的投资。其次，它使企业发展有可能突破不同所有制、不同地区和不同部门的局限。最后，通过购买股份者的选择，往往是有发展前景、经营管理好的企业能筹措到更多的投资，因而有利于发展规模经济效益显著、国际竞争力强的大中型企业，有利于提高资源配置的效率。逐步建立金融市场，使企业和创业者能够通过股票、债券等方式筹措投资，减少企业规模成长和新创企业难以获得较大规模投资的障碍。

（二）形成企业兼并机制和消除退出障碍

企业间兼并是扩大企业生产规模的有效方式之一。通过企业相互兼并或合并，使一些经营管理好的企业得以发展扩大，同时一些效率低的企业被淘汰。

要在我国形成企业兼并机制，首先，要克服产权方面的障碍。如果实行股份制，或实现政府（包括中央及地方各级政府）与企业相分离的措施，使企业真正成为相对独立的商品生产者和经营者，则有利于企业兼并机制的形成。其次，要进一步推行形成市场价格以及其他方面的改革，形成一个公平竞争的环境，发展竞争。当企业真正自负盈亏，面临生存竞争的实际压力时，就会具有合并或改组的内在要求，以维持生存，提高竞争力。

实施破产法，建立以失业救济、养老保险和医疗保险为主体的社会保障体系，使破产企业的失业职工能得到失业救济金等保障，有利于消除产业中的退出障碍。

（三）促进城乡生产要素流动

农村工业已成为中国工业中不可忽视的力量。农村工业中企业规模偏小、技术和管理素质较低的重要原因之一是农村工业发展与城市现代工业缺乏直接的紧密的结合。出于经济体制和政策上的原因，我国城乡生产要素流动是相对分离的，要素流动中存在城乡壁垒。如城乡户籍分开、限制流动、城乡居民的社会福利具有很大差异等。城市现代工业的资金、技术设备和职工很少直接流向农村工业。

要提高农村工业企业的经济规模和效率，推行城乡生产要素流动和走城镇化之路是不可避免的。我国近40年城乡生产要素分离、限制城镇化的状态，不利于二元结构的转换，不利于现代工业的发展。过去，我们往往不适当地看待城市发展存在的弊病，对城市化带有某种偏见。其实，城市化有利于现代大工业的发展。因为城市便于厂商的集聚效应，在基础设施上也具有规模经济，发达的成人教育事业也为提高人力资本创造了有利的条件。只要限制大城市的膨胀，发展中小城市，是利大于弊的。可以考虑先在小城市实行城乡生产要素流动，利用股份制等方式，建立城乡结合的企业；逐步取消城乡户籍限制，允许农民进城办厂开店，也允许城市企业吸收农村资金，招收农村劳动力。然后，再逐步放开中等城市的人口流动。

（四）制定产业组织政策

我国需要进一步完善产业政策，其中一个重要方面是制定产业组织政策。"七五"计划中的产业政策基本上只是产业结构政策，产业组织方面很少涉及。然而，产业组织政策与产业结构政策是相辅相成的，产业组织政策是产业结构政策得以实施和生效的条件，而产业组织政策及其实施，对企业规模结构合理化更具有直接的作用。

就有关企业规模结构合理化而言，现阶段产业组织政策可着重解决以下三方面问题：一是对一些规模经济效益显著的产业，如棉纺织、造纸、水泥等产业，可指导一些小型企业进行合并或由大中型企业兼并一些小型企业；二是对一些存在过度竞争产业中的低效率企业实行关闭，或协助其转向其他产业；三是对一些规模经济效益显著的产业，规定新创企业必须达到最低限度的生产规模以上，控制再度产生规模不经济的小企业。

（五）消除地区性垄断

实际上，地方保护主义不利于提高本地企业的效率和竞争力。保护落后最终并不利于地方经济的发展。诚然，消除地区性垄断需要一个过程，它要以经济体制进一步改革和市场经济的发展为条件。现阶段可主要在两方面采取措施：一是制定和实施保护合理竞争的法规，限制地方保护主义，鼓励合理竞争，促进全国统一市场的形成；二是进一步加快改革目前"分灶吃饭"的财政体制，实行规范的分税制，建立中央税和地方税体系，等等，使企业的经济利益与地方政府利益相对分离，弱化地方政府强化地区壁垒的动机。

[注释]

[1] 生存技术测定法是先将一产业的企业按规模分类，然后计算各时期不同规模企业在产业产出中所占比重，所占比重上升的企业规模则为最佳企业规模。见 J. 施蒂格勒 . 产业组织和政府管制 [M]. 上海：上海三联书店，1989：38-61.

[2]D. 钱德勒、科斯等人的研究。小艾尔弗雷德·D. 钱德勒 . 看得见的手：美国企业的管理革命 [M]. 北京：商务印书馆，1987：6-12.

[3] 邱靖基，等 . 机械工业结构 [M]// 马洪，孙尚清 . 中国经济结构问题研究，北京：人民出版社，1981：327.

[4] 世界银行 1984 年经济考察团 . 中国：长期发展的问题和方案·主报告 [M]. 北京：中国财政经济出版社，1985：40.

[5][7][13][日] 中央大学经济研究所 . 战后日本经济：高速增长及其评价 [M]. 北京：中国社会科学出版社，1985：65，84，87.

[6]1983—1986 年是中国农村工业迅速发展的高潮时期，产值年平均增长达 35％以上。见吴仁洪：《中国产业结构动态分析》第八章，1983—1985 年是投资项目出现小型化、轻型化倾向突出时期。见中国经济体制改革研究所综合调查组：《改革：我们面临的挑战与选择》。

[8][11][12][14][17][18]《 中 国 统 计 年 鉴 》（1986、1987、1989 ）；《国家统计局工业经济统计资料》（ 1985、1987、1988 ）。

[9] 国务院全国工业普查领导小组办公室 . 1985 年全国工业普查资料：第 3 册 [M]. 北京：中国统计出版社，1988；纺织部 1985 年纺织工业统计资料。

[10] 李茜 . 建纺织厂热亟待降温 [J]. 人民日报，1988-10-3.

[15] 日本经济学者对这方面作出较多的分析，如鹤田俊正提出的关于过度竞争的判断标准等。见小宫隆太郎，奥野正宽，铃村兴太郎 . 日本的产业政策 [M]. 北京：国际文化出版公司，1988：65.

[16] 植草益 . 产业组织论 [M]. 卢东斌，译 . 北京：中国人民大学出版社，1988，54-56.

结构与行为：中国产业组织研究（校订本）

9章　中国机电企业组织结构与市场行为

我国机电工业全民所有制独立核算企业目前约有 1.52 万家，约占全国工业同类企业（以下同）总数的 14.9%；职工人数 1029.3 万人，占全国工业总职工人数的 23.9%；固定资产原值 1658 亿元，占全国工业固定资产原值总额的 16.3%；定额流动资金 1064 亿元，占全国工业定额流动资金总额的 32.4%，是企业数最多、资源拥有量最高的产业。促进机电企业组织结构和市场行为的合理化，不仅可以显著提高经济规模效益、资源使用效益，从而提高整个机电工业的企业效益，而且也有助于从根本上促进整个工业结构的合理化调整和国民经济效益水平的提高。

§9.1　组织结构现状

机电企业的组织结构因受苏联产业组织理论和原有不合理工业体制的影响，造成了三重分割：企业自成体系的企业分割、部门自成体系的部门分割和地区自成体系的地区分割。企业、部门、地区的自成体系内涵虽不尽相同，"万事不求人"的指导思想却是同出一辙。在三重分割下，机电企业很难形成专业化协作关系下的经济规模，组织结构不合理的问题十分突出。

（一）衡量标准与考察方法

在具体考察机电企业组织结构状况时，必须首先明确：衡量组织结构是否合理的标准是什么？用什么方法对组织结构进行考察为好？

衡量组织结构是否合理的标准主要有两条：一是看是否按专业化协作的要求组织生产；二是看是否按经济规模的要求组织生产。这就是说，合理的组织结构既要符合专业化协作的要求，也要符合经济规模的要求。其目的就是要形成合理分工下的经济批量，充分发挥生产要素的作用，使企业在最佳效益状态下开展生产活动。

在考察机电企业组织结构时，通常采用的办法是按大、中、小或全民、集体、个体等进行分类，一说组织结构不合理就用"大而全""小而全"等盖棺论定。这种考察方法不仅缺乏量的概念而且也不科学。就是大、中、小本身的分类也是不尽合理的。无论采用总产值、职工人数、固定资产或综合指标作为分类依据，其区段的划分都是根据经验决定，并没有与规模经济的利用状况相挂钩，因此也不能反映规模经济利用的优劣水平。至于按不同所有制划分的全民、集体、个体等的分类方法，只能反映行业的所有权归属状况，更不可能反映企业组织结构的合理与否。

目前比较通用的考察组织结构的第二种方法，是以生产某产品的前4、8、20或50家大型企业的产量占该产品总产量百分比的集中度指标，对行业的资源集中程度和组织结构进行分析研究。用这种分析方法虽然比较简单、直观，但由于是绝对值指标。又缺乏衡量基准，不能较客观地反映规模经济的利用情况。到底规模经济利用得好不好，行业是否已存在"过经济规模点"的非效率情况等这样一类实质性问题都不可能从集中度指标中得到正确反映。因此，用集中度指标考察机电企业组织结构并不是理想办法，只能假设被考察的对象并不存在过经济规模问题，以此为前提对生产的集中情况（即卖方市场结构情况）做些定性分析，以对组织结构状况作一般性的考察。好在我国机电企业生产规模主要不是偏大而是过小，除个别由大型企业组成的联合体或企业集团外，一般并不存在经济规模的问题，集中度指标仍有一定的考察价值。

考察组织结构的第三种方法，是运用经济规模的概念进行定性定量分析。相对而言，这是一种比较科学的考察方法。运用这种方法不仅可以对不同产品计算出在一定的生产条件下，单位平均成本最小的合理经济规模（有人也称最佳或最优经济规模）点，而且可以根据这些点划分相应区域，进行规模结构分析，科学地描述行业规模经济的利用状况。本书静态考察采用的就是这种分析方法。动态考察中因缺乏必要的行业统计资料，只能根据现有零星资料同时采用集中度与经济规模两类指标，对少量产品做些典型分析。

（二）静态考察

运用经济规模概念对机电企业组织结构进行较全面的静态考察必须要有全行业的统计资料。目前，比较完备的数据资料只有1985 年全国工业普查数据。用这些资料进行静态考察，其结果可能会有一定滞后性。但因制约产业组织结构的最大因素——行业技术、工艺水平等在近期内并无大的突破，组织结构也基本上没有发生质的变化，因此按 1985 年的工业普查资料进行静态分析仍然可以比较客观地反映机电工业的基本状况，分析结果有一定的可靠性。

根据工业普查资料，表 9-1 对 19 种机电产品的经济规模与规模结构进行了计算。综合结果表明：达到起始规模的企业只占6138 家考察企业的 9.7％，而达到合理规模的企业仅占 6.3％，绝大多数生产企业均未达到经济规模要求。从产量上看，在 19 个行业中，有 11 个行业未达到合理规模的产量占总产量的 50％以上，有 12 个行业未达到起始规模的产量占总产量的 30％以上，

表 9-1　19 类机电产品的经济规模与规模结构

产品名称	企业数/家	起始规模	单位	达到起始规模的企业比例/%	达到起始规模的产量比例/%	合理规模	单位	达到合理规模的企业比例/%	达到合理规模的产量比例/%
车床	484	800	台	5	70	1200	台	3	58
钻床	151	680	台	8	56	1000	台	5	44
磨床	168	450	台	6	61	880	台	4	48
铣床	98	550	台	8	72	850	台	4	47
液压机	110	170	台	10	64	260	台	7	56
泵	2029	2800	台	12	74	42010	台	8	63
风机	536	520	台	19	79	780	台	14	70
"O" 向心球轴承	287	183	万套	8	53	275	万套	3	37
"7" 圆柱锥滚子轴承	108	228	万套	2	23	342	万套	2	23
小型拖拉机	81	17983	台	9	22	26975	台	2	9

产品名称	企业数／家	起始规模	单位	达到起始规模的企业比例／%	达到起始规模的产量比例／%	合理规模	单位	达到合理规模的企业比例／%	达到合理规模的产量比例／%
小型柴油机	63	56847	台	2	12	85271	台	1	8
中型载货汽车	41	26500	辆	5	82	40000	辆	5	82
摩托车	172	100000	辆	1	49	154000	辆	1	49
自行车	157	520000	辆	9	65	780000	辆	6	54
电磁线	336	3000	吨	4	40	4600	吨	2	31
电风扇	972	120000	台	7	68	180000	台	4	56
单缸洗衣机	165	105000	台	13	70	158000	台	5	40
双缸洗衣机	77	70000	台	38	91	105000	台	30	86
彩色电视机	103	168000	台	6	36	280000	台	3	23

资料来源：表中引用了《实施产业组织政策，推动产业组织再造》一文中的计算结果，并作了必要的修正与补充。

分别占行业总数的58％与63％。也就是说，19个行业全部产量总和中将近有半数产量未达到合理规模，有1/3以上的产量未达到起始规模，有很大一部分的产品成本高于经济规模成本。各类产品的企业规模结构与产量规模结构详见表9-1。这些产品都比较适合组织批量生产，却都与经济规模的要求相差甚远。可见，从静态考察结果看，我国机电企业规模效益的利用程度极低，规模效益有着很大的潜力。

（三）动态考察

工业现代化大生产的过程，是不断进行技术更新，采用先进工艺，使用大型、高效设备的过程，因而也是批量生产能力不断提高的过程。在这个过程中，生产集中度和经济规模的不断提高便是企业组织结构演进的必然趋势。那么，我国机电企业组织结构又是如何进行演变的呢？

对部分机电产品1985—1989年生产集中度的分析计算结果表明（见表9-2）：多数产品的集中度不是提高而是下降了。而且，彩色电视机的下降幅度很大。这种变化趋势与以前有关研究成果中对73种机电产品在1980—1985年的集中度变化趋势（见表9-3）是吻合的。这说明近十年来机电产品卖方市场结构是在呈分散化趋势进行演变。

一般来讲，影响产品集中度的因素主要有四个：一是产品供需状况；二是产品价格水平；三是产品所在产业的生命周期；四是产品的进入壁垒与退出壁垒。不同产品因上述影响因素的特点不同，其产品生产集中度的变化情况也不尽相同。由表9-2可见：（1）当产品供不应求，资金与技术壁垒相对较低，行业平均利润率偏高，所在行业又处于形成或成长期时，其生产集中度的下降趋势最为突出。如彩色电视机，1985—1989年 CR_4 与 CR_8 分别降低了45.9％和42.1％，市场供给结构急剧分散。（2）当产品供不应求，资金与技术壁垒相对较高，行业平均利润率偏高，产业尚处于形成或成长期时，其生产集中度有一定程度的降低。如重型载货汽车与轿车，1985—1989 年 CR_4 分别下降了 9％和 8.5％，CR_8 分别下降了 3.8% 和 1.9%。（3）一些产品虽已供大于求或供需相当，又处于成熟期，但整机利润率偏低，协作配套不仅无利可图反而影响企业效益，其生产集中度也有降低趋势。如小型拖拉机，1989 年 CR_4、CR_8 分别比 1985 年降低了 9.7% 和 27.3%，说明企业组织结构出现了从合理化向非合理化转变的背离现象。（4）某些成熟期产品，资金或技术进入壁垒较高，生产集中度有缓慢回升的趋势。如中型载货汽车，1989 年 CR_4 比 1985 年上升了 4.7％，CR_8 上升了 5.7％。（5）某些成熟期产品，整机有一定利润率，外部协作环境较好，其生产集中度有明显上升趋势。如小型柴油机，在 1985—1989 年的 5 年间 CR_4、CR_8 分别提高了 17.1％和 14.5％。总之，机电产品虽然集中度既有上升者也有下降者，但总体来看，集中度下降的产品要多于集中度上升的产品，下降的幅度要大于上升的幅度。

表 9-2　部分机电产品 1985—1989 年生产集中度变化情况

单位：%

产品名称	1985 年		1989 年		变化率	
	CR_4	CR_8	CR_4	CR_8	CR_4	CR_8
小型拖拉机	14.5	23.8	13.1	17.3	−9.7	−27.3
小型柴油机	15.8	22.1	18.5	25.3	17.1	14.5
中型载货汽车	89.1	93.1	93.3	98.4	4.7	5.7
重型载货汽车	83.6	94.8	76.1	91.2	−9.0	−3.8
轿车	99.0	100.0	90.6	98.1	−8.5	−1.9
彩色电视机	28.3	41.6	15.3	24.1	−45.9	−42.1

注：CR_4 是指产品所在行业最大的前四家生产企业产量占总产量的百分比，CR_8 含义以此类推。

表 9-3　73 种机电产品 1980—1985 年生产集中度变化情况

CR₄ 分段 / %	产品数		占全部产品比重 / %	
	1980 年	1985 年	1980 年	1985 年
75～100	15	8	20	11
50～74	16	16	22	22
25～49	29	23	40	31
0～24	13	26	18	36

　　机电产品集中度的下降与规模结构的分散化密切相关。以处于成长期的彩色电视机类产品为例，1989 年达到起始规模的产量占总产量的 26％，达到合理规模的产量则占总产量的 19％，分别比 1985 年下降了 28％和 17％。这种状况也可以从处于成熟期的小型拖拉机类产品中进一步得到证实。1989 年小型拖拉机达到起始规模的产量仅占总产量的 9％，达到合理规模的产量则只占总产量的 6％，分别比 1985 年下降了 59％和 33％。可见，从时间纵向的动态考察结果看，机电企业组织结构的分散化趋势也是明显的。这种演变趋势有悖于现代工业发展的基本趋势，是非健康、非正常现象，应引起有关方面的足够重视。

§9.2　组织结构特性分析

　　透过静态与动态考察结果不难发现，机电企业的组织结构存在着以下主要特性。

（一）组织结构的规模利用低效性

　　机电工业虽经几十年的建设与发展，绝大多数行业仍处于低度经济规模下的规模不经济生产。如 1989 年彩电行业大于合理规模的产量只占全行业产量的 19％，处于起始规模与合理规模之间的产量只占 7%，有 74% 的产量是在小于起始规模下从事生产经营活动的。小型拖拉机大于合理规模的产量占 6%，处于起始规模与合理规模之间的产量只占 3%，有 91% 的产量在小于起始规模下进行生产经营活动。由此可见，机电产品的规模不经济生产情况是十分严重的。伴随规模不经济生产现象，目前我国机电产品的经济规模低度性也十分触目。如与国外同类产品相比，汽车是最适合组织大规模生产的一类产品，国外大型汽车厂的产量一般都在百万辆左右，美国最大的通用汽车公司 1976 年产量为 465 万辆。而我国规模最大的厂家——第二汽车制造厂年产量也只有 12 万辆。1985 年我国彩电整机总装厂有 76 家，年产量达到 30 万台的仅有 3 家。而电视机总产量与我国相近的韩国，整机生产厂家总共才 6 家，每年平均年产量在 200 万台以上。当然，合理经济规模与生产技术水平有关。我国机电工业由于生产技术水平不高，合理经济规模点必然要低于工业发达国家，因此有不可比的一面。但上文所举的产品生产技术与西方一般工业化国家相差并不太大，尤其是彩电，我们的厂家大多整条引进先进生产线，水平并不低，还是有可比性的。从总体来看，目前我国机电企业主要不是生产规模过大而是规模过小，确实存在着规模经济利用程度太低的问题。绝大多数机电产品低度经济规模下的规模不经济生产，是影响企业效益和整个机电工业经济效益的一个十分突出的原因。

（二）组织结构的高封闭性

机电企业规模经济利用水平不高，生产集中度低，突出表明我国机电企业组织结构散而小的落后性，同时也与组织结构的高度封闭性有关。主要表现在两个方面：一是企业间的直接联系少。迄今机电工业绝大多数企业仍是全能型企业，发展企业间横向联系尚处于初级阶段，不仅企业集团数只有 500 家左右，而且集团内部机制还很不完善；二是企业间通过市场流通领域发生的间接联系少。由于"条块"对市场的分割和对产品流通的限制，还由于标准化、系统化和通用化程度低，一些本来可以通过市场完成整机配套的通用件也只能依靠自己制造。如果配套件的批量大，依靠自己制造当然也可以形成经济批量；当配套件的批量不大时，依靠自己制造势必造成规模不经济，对整机效益有直接影响。

（三）组织结构刚性强，转换能力弱

我国机电企业封闭式的组织结构几十年如一日，始终无大变化。改革开放以来，企业间的横向联系虽然有所加强，企业也有加强横向联系的愿望和要求，但组织结构的转换既受制于宏观调控，也受制于市场环境、受制于多种带有本位色彩的行政性干预。宏观调控多半是软约束，市场环境和行政性干预则往往是硬约束。企业组织结构的转换要突破硬约束十分困难，甚至有时是不可能的。我们曾受企业的要求和行业主管部门的指令去某省帮助企业集团开展组建工作，一年多了集团仍未组建起来，原因就在于受本位色彩的行政性干预太强。企业处在这样的外部环境下怎么可能按经济发展的要求自主完成组织结构转换工作呢？市场过强的非经济性（行政性）垄断对企业组织结构转换同样起着硬约束的作用。但如今的这种市场非经济性垄断与计划经济下的国家统购统配是不能相提并论的。在计划经济条件下，市场由国家全面垄断，其垄断的目的是从全国一盘棋出发的，是单主体参与，单目标行为。如今则不同：（1）参与市场垄断的主体多，既有国家计划指导的参与，也有管理部门与地方政府的参与，还有一些行政性公司的参与，等等。（2）参与市场垄断的行为目标多。国家计划指导旨在促进市场的健康发展，并确保国家重点任务的完成；管理部门与地方政府则往往是从局部利益出发的，带有较多的本位色彩；行政性公司是在政策允许范围内以追求本公司经营目标最佳化为目的的。（3）参与市场垄断的行为方式多。国家计划指导除为确保重点任务下达的指令性计划外，其余都是政策性指导，对市场只是一种软约束；管理部门与地方政府

对市场的垄断主要表现为部门保护与地方保护；行政性公司则主要表现为对部分产品的垄断。企业面对多主体参与、多行为目标、多行为方式的垄断性市场很难开展公平竞争，并通过市场公平竞争促进资源的合理流动，从而也促进组织结构向合理化转变。显然，在目前的这种市场环境和各种本位色彩较浓的行政性干预面前，企业要完成组织结构合理化转换是十分困难的。

§9.3 市场行为分析

企业的市场行为是企业在市场上为实现经营目标所采取的竞争性行为，主要包括保护自己市场份额的行为、制定价格政策的行为和提高产品竞争能力的行为。在计划经济体制下，机电企业生产产品的目的是为了完成国家下达的计划指标，很少进行产品经营活动，企业在和平共处下相安无事，基本上不存在市场竞争关系，也谈不上企业的市场行为。经济体制由计划经济转向计划指导下的市场经济后，企业间的市场竞争关系逐渐形成。在开展竞争中，机电企业边实践、边摸索、边研究制定价格政策，采取有助于压制竞争对手和提高产品竞争能力的措施，努力使自己的市场行为适应市场竞争的需要。

机电产品具有技术密集程度较高，产品结构和制造工艺比较复杂，适合开展专业化协作生产的特点。企业间既有协作关系也有竞争关系。在生产上多表现为协作关系，在市场上则往往表现为竞争关系。企业在组织产品生产中，因组织结构的不同会有不同的规模经济利用程度和对机电产品的垄断程度，因而也会有在市场竞争中的不同竞争能力和竞争地位，会有不同的市场行为。显然，在通常的市场经济条件下，企业的组织结构与市场行为会有必然的内在联系。

然而，目前我国机电产品市场不仅还很不完善，而且存在着严重分割的现象，加上地方有"土政策"，某些部门有"土规定"，使企业之间很难通过市场开展公平竞争。因此，目前我国机电企业的组织结构与市场行为之间是一种远被扭曲了的关系，很难借用一般性规律进行这方面的考察研究工作。

那么，我国机电企业的市场行为到底是怎样的呢？它与组织结构之间到底有没有直接联系或存在何种关系呢？下面着重从三个侧面进行考察分析。

（一）经营行为目标

在旧体制下企业行为目标主要是为了完成国家下达的产品指标与产值指标，基本不考虑自己的盈亏与命运问题。企业开展市场竞争并实行独立经济核算后开始产生了不同的经营行为目标。据对68家不同类型企业的调查结果表明（见表9-4）：以多目标最大化为经营目标的企业占38.2%，追求利润最大化的企业占32.4%，追求产值最大化、销售额最大化的企业各占8.8%，还有11.8%的经营目标不明的企业。在市场经济的国家里，企业的一切生产经营活动都是为了一个目的，就是追求利润最大化。而我国的机电企业明确表示以追求利润最大化为目标的企业只占调查企业总数的约1/3，多数企业主要追求的是其他一些目标。其中，追求多目标最大化和经营目标不明的企业竟达半数。以追求多目标最大化为经营目标的企业，大体有两种情况：一是规模经济利用程度较高的大、中型企业或企业联合体、企业集团，以及少数机制灵活、经营形势好、发展速度快的"小型巨人"，有志在各个方面都能傲居同行之首；二是经营行为目标比较模糊的中、小型企业。这两种情况往往与厂长的生产经营思想和企业的生产经营水平有关，一定程度上也反映了规模状况对企业行为目标的影响。以产值或销售额最大化为经营目标的企业，以与地方关系比较紧密、自主权较少的中小企业居多，突出反映了地方政府或管理部门速度型考核指标对企业经营行为的影响。

表 9-4 部分机电企业经营行为目标调查情况

		汽车		拖拉机		电机		总计	
		企业数/家	比例/%	企业数/家	比例/%	企业数/家	比例/%	企业数/家	比例/%
总计		7	100.0	19	100.0	42	100.0	68	100.0
其中	利润最大化	3	42.9	7	36.8	12	28.6	22	32.4
	产值最大化	1	14.2	0	0	5	11.9	6	8.8
	销售额最大化	0	0	2	10.5	4	9.5	6	8.8
	多目标最大化	3	42.9	8	42.1	15	35.7	26	38.2
	未回答	0	0	2	10.5	6	14.3	8	11.8

9 章　中国机电企业组织结构与市场行为

（二）产品差别化行为

企业的产品差别化行为，主要是指为了增加产品不可替代性、提高产品竞争能力而采取的行为。通常认为，产品差别化行为是保持产品基本功能前提下对辅助功能的添加和改进。我们认为，这是一种狭义的概念。从广义上来讲，产品差别化行为应包括旨在提高产品竞争能力的一切改进、更新产品的行为。它既包括产品外形的更新，也包括内在功能的改进；既包括产品上水平，也包括产品上质量。通过各种产品差别化工作，使自己在市场竞争中立于不败之地。

广义上的产品差别化，是一项实现难度较大的工作。不同产品或不同行业，由于资金与技术密集程度各异，产品差别化的实现难度也有差别。资金或技术密集程度高、生产周期长的产品，差别化所需的资源投入和时间投入往往比资金或技术密集度低、生产周期短的产品要多。因此，不同的行业或不同的产品之间有一定的不可比性。如表9-5中汽车由于资金与技术密集度比拖拉机、电机要高，因此，在相同时间段内的变型次数明显少于后两类产品。当然，三类产品市场竞争的激烈程度也是不同的，如电机特别是拖拉机市场的竞争激烈程度自然要比汽车强得多。市场竞争越激烈，企业表现在产品差别化方面的行为往往也越积极，产品变型或其他差别化频率自然也越高。因此，不同行业或不同产品之间也有一定的可比性。表9-5中拖拉机在相同时间段内未变型的比例明显低于电机、汽车，多少反映了这种情况。

产品的竞争，主要是同行的竞争。分析产品差别化行为主要是要分析生产同类产品的企业行为。不同的企业有着不同的产品差别化能力和要求。一般而言，企业进入市场竞争程度越深，产品差别化行为也表现得越积极。中、小型企业，特别是乡镇机电企业极少有计划内任务，主要靠市场找任务，靠市场求生存、谋发展，搞差别化产品的迫切性往往要比计划内任务较多的大、

表9-5 1987年以来部分机电企业主要产品变型情况

| | | 汽车 | | 拖拉机 | | 电机 | | 总计 | |
		企业数/家	比例/%	企业数/家	比例/%	企业数/家	比例/%	企业数/家	比例/%
	总计	7	100.0	19	100.0	42	100.0	68	100.0
其中	未变型	5	71.4	5	26.3	25	59.5	35	51.5
	变型一次	1	14.3	6	31.6	6	14.3	13	19.1
	变型2～3次	1	14.3	6	31.6	3	7.1	10	14.7
	变型3次以上	0	0	2	10.5	8	19.0	10	14.7

9章 中国机电企业组织结构与市场行为

中型企业强得多，但苦于差别化能力普遍较弱，为此，除在引进技术、引进人才等方面下功夫外，不少企业也有靠拢大、中型骨干企业，过"大树底下好乘凉"的安稳日子的愿望。这是组织结构合理化中的一个积极因素。大、中型企业虽有较强的产品差别化能力，但往往计划内任务较多，参与市场竞争程度较浅，对产品差别化的要求没有中、小型企业强烈。企业集团和一些企业联合体则不同，他们既有大型企业为龙头，具有产品差别化能力强的优势，又有一批竞争意识较强的中、小型企业参加，具有产品差别化积极性高的优势。只要组织得好、内部机制合理，使两种优势都能发挥作用，产品差别化行为应该是最积极、最富有成效的。目前，一些企业集团或企业联合体已初步在这方面显示出优越性，但多数还没有充分发挥作用，这是发展企业集团过程中需要引起注意的一个方面。

产品差别化既表现在技术进步方面，也表现在产品质量方面。这些年来，机电工业的产品水平有所提高、品种有所发展、质量也有所改善。但与用户要求比，与先进工业国家的同类产品比还存在着一定差距。机电产品水平低、质量差、品种少仍然是机电工业面临的一大矛盾。

（三）价格行为

在公平竞争条件下，企业之间无论生产批量或生产成本差距多大，产品价格不可能相差太多。即使有差价，也不取决于生产批量和生产成本，而取决于产品质量、产品适应用户需要的程度及产品的售后服务状况。表现在价格、成本回归曲线图中，价格线应该是一条与横坐标大致平行的近似直线。

然而，对 1989 年 18 吋彩色电视机、小型柴油机、小型拖拉机三类产品的实例分析结果表明，它们的产品价格回归曲线都不是这样一条近似直线，而是非水平化趋势十分明显的不同曲线。

价格回归曲线的不规范，是企业价格行为不规范的最终表现。我国机电企业并没有很好执行按市场需求统一定价、优质优价等原则。由于市场机制尚未健全，也由于地区、部门分割导致市场分割，地域性、部门性市场的垄断滋生了非公平定价的温床，造成一些企业乘机抬高价格，牟取超额利润，这种情况在偏远地区和促销手段灵活的中小企业中尤为严重。

一般来讲，企业的组织结构合理，规模经济利用程度高，则生产成本必然要低一些，在行业盈利水平相当的情况下，其产品价格也可以低一些，竞争能力自然要强于规模经济利用程度低的企业。1989 年辽宁无线电八厂、青岛电视机厂、内蒙古电视机厂的生产批量基本上处于合理规模点，其生产成本和产品价格均处于图中较低点位置，而企业的盈利水平（与纵轴平行的 P-C 垂直连线即反映了盈利水平）也明显高于其他企业。从这点上看，企业的组织结构与价格行为之间存在着一定的相关性。但我们进一步考察分析发现，组织结构与企业价格行为之间的相关性又是极其有限的。在公平竞争或市场条件较完善的情况下，规模经济利用得好的企业对行业有举足轻重的影响，尤其在定价方面，其影响几乎是决定性的。规模不经济企业在激烈竞争中会逐渐被淘汰，面临破产或被兼并的危境。但在我国，情况却大为迥异。仍以 18 吋彩电为例：假定彩电行业的价格以合理规模点的价格为基准，即按合理规模点的产品价格进行销售，那么在 58 个样本企业中，有 33 个企业不能达到盈亏平衡点。这就是说，该行业因规模经济不能很好利用会造成 56.9％的企业处于亏损经营状态。然而，事实上却并非如此，按实际计算的 1989 年 18 吋彩电盈亏平衡点为（0，229332），即全部企业均为盈利经营，一些生产批量很小、规模经济利用程度很低、生产成本也较高的企业，不仅有盈利，而且盈利水平并不比处于合理规模点附近的企业低。适度规模企业的种种竞争优势在这里完全被弱化或丧失了。在这里，由企业的价格高低与盈利水平并不能找出组织结构与价格行为之间的确定关系。

以上论述所选择的是三种产品中成本价格关系最为规范的一种，其产品价格回归曲线与成本回归曲线的变化趋势还是一致的。小型拖拉机产品显示了价格回归曲线与成本回归曲线的非一致性变化，甚至出现了这样一种奇怪现象：在合理规模下从事小型拖拉机生产的企业，不仅盈利水平明显低于非合理规模下生产的企业，而且呈无利可图的生产经营状态，即组织规模经济生产的结果，不仅没有提高企业效益，反而使自己处于亏损的边缘。这显然是一种更不正常的现象，是市场不统一、竞争不公平、价格严重扭曲的突出表现。小型拖拉机行业的情况似乎更彻底地割断了组织结构与价格行为之间的内在联系与逻辑关系。

机电企业价格行为的非规范化，机电企业组织结构与价格行为之间的松散关系，使机电产品定价失去有效约束，导致行业内价格背离价值规律、价格严重扭曲的现象相当突出，客观上对规模经济利用水平低的中、小型企业起了保护作用，维持甚至进一步恶化了现有不合理的企业组织结构。

§9.4　原因分析

我国机电企业组织结构表现在规模不经济、生产集中度低下的非合理化现象和非合理化趋势，企业市场行为存在的非规范化现象，既有宏观方面的原因，也有中、微观方面的因素，主要原因大致可归结为以下几个方面。

（一）机电工业仍然走着一条外延型扩大再生产的道路

机电工业要从外延型扩大再生产转向内涵发展的道路，这从宏观指导思想上是早已明确了的。但由于缺乏一整套行之有效的实施办法，行业管理工作又还很薄弱，对部门管理和地方管理缺乏统筹能力和约束能力，因此，实际上机电工业生产量的增长仍然主要是依靠新增固定资产投资的重复布点来加以实现的。如彩色电视机 1989 年达到起始规模和合理规模的产量比重分别比 1985 年下降了 28% 和 17%，而同期产量却由 1985 年的 435.28 万台增至 1989 年的 940.02 万台，增加了一倍多。伴随产量成倍增长情况下的规模结构分散化，暴露了彩电行业重复布点严重和所布新点生产规模小型化的双重问题。再以小型拖拉机为例，1989 年该行业达到起始规模和合理规模的产量比重分别比 1985 年下降了 59% 和 33%。同期，四家大型企业的产量增长了 23%，而小型企业则增长了 36%。规模结构急剧分散与小型企业增长幅度大于大型企业的事实，也说明小型拖拉机行业的生产增长主要是靠重布新点和中、小型企业的过度扩展加以实现的。这样做的结果，必然导致整个机电工业组织结构的规模利用低效化，使低度经济规模下的规模不经济生产的问题更为突出。这种以牺牲组织结构合理化换来的产量增长，也必然导致投入多、产出少，机电工业的整体效益下降。

（二）条块分割、既割裂了组织结构也分割了全国市场

组织结构的合理化是一种动态的有序过程，随时要按需求结构、产品结构和技术水平的变化，不断进行重组再造。这就要求全国机电产品市场是统一的，整个机电工业也是统一的，不存在任何环节的梗阻或分割现象。然而目前的管理体制依然是条块分割，特别是财政分灶吃饭后的条块分割愈演愈烈，加之一些行政性公司的中间环节干预，机电工业的整体性与机电市场的统一性、经济运行的内在联系以及企业间开展公平竞争和组织结构重组再造的基础已不复存在。因此企业既不可能开展公平竞争，也不可能按合理化要求不断进行组织结构的重组再造，资源的合理流动成了一句空话。

（三）宏观导向不当、调控乏力

新中国成立以来，我国工业一直走的是一条外延型扩大再生产的道路，这是造成产业结构失衡和组织结构散乱的一个根本原因。与外延型发展相呼应的是片面追求速度增长，不注重效益提高的一整套考核办法，对企业起了不当导向作用。尤其在计划经济条件下，宏观导向对企业行为所起的作用是决定性的。如今企业虽然已开始注重经济效益，但在承包期内多数企业往往只注重能短期效益，不注重长远发展，加上目前我国机电工业（尤其是国营企业和大集体企业）有了竞争观念却无生存危机感，以产量、产值作为考核重点的宏观导向对企业行为仍起着重要作用。在速度指标的牵动下，势必促使企业注重增量投入，忽视存量调整；注重外延发展，忽视内涵提高。

（四）价格扭曲，加剧了中小企业的不当竞争

价格扭曲对合理化组织结构和规范化企业市场行为的影响主要表现在三个方面：（1）由种种历史原因造成的机电产品比价不合理，使机电产品之间的平均利润率水平差距过大。高利润率产品引发各地的投资冲动，形成国家、集体、个体一起上，出现重复布点、重复投资，组织结构散乱的现象。其实，国家、集体、个体一起上并不是坏事，只要对机电产品市场实行有计划的正确引导，使各方面的资源投入形成按专业化大生产要求的分工协作关系，这样做不仅不是坏事，而且可以在合理化组织结构的前提下加速某些短缺产品的发展速度，以尽快适应市场变化的需要。可惜，目前我们对市场还不能真正做到有计划的正确引导。这也是宏观调控不力的一个方面。在计划指导不力的情况下出现的投资冲动，必然造成组织结构的散乱。对此已不乏其例了。如曾经发生过的生产彩电热、冰箱热、轻型汽车热和目前方兴未艾的轿车热等。由此造成的资源浪费是十分惊人的。通常，随着短缺产品能力的增强，企业间的竞争势必越来越激烈，使行业的进入壁垒增高，同时，在激烈的竞争中必然会有一批企业退出这类产业，或转产、或停产、或被兼并等。然而，由于某些产品利润率过高，即便生产批量很低的企业也可以获得一定盈利，因此，一方面小批量生产企业继续大量涌入，另一方面，低效益企业转产者不多，停产或被兼并者更是少见，价格扭曲对规模经济利用程度低的企业，对不合理的组织结构起了很强的保护作用。

（2）由于价格双轨制造成的机电产品价格混乱，为一批规模利用程度低的企业提供了生存条件。前几年出现的温州乐清低压电器，几乎全是由未经专门培训的村民和城镇家庭用手工制作出来的不合格产品，居然能靠混乱的价格和不正之风行销全国各地，产量、产值迅速增长。这就是一个很典型的例证。类似这种机电产品小作坊式的低度规模不经济生产企业都能生存和发展，生产条件稍好的中小型企业更不用担心生存问题了。（3）原材料价格双轨制造成的同种材料多种价格和差价过大，对机制较灵活的一些小批量规模不经济生产的企业起了保护作用。一般来讲，大、中型企业有一部份计划内供应材料，比全部需从市场采购的中、小企业条件要优越得多，产品成本自然也应低一些。然而，实际情况并不都是这样。一些产品规模经济利用程度高，生产成本也高；规模经济利用程度低，生产成本反而也低。如1989年小型拖拉机年产4万台以上的大批量生产企业，成本水平基本一致，而年产在2万台以下的企业，成本水平十分混乱，低的还比年产4万台以上的大批量企业的生产成本每台低1000元左右。出现如此奇怪现象的原因何在？一个很重要的原因，就是一些小批量生产企业凭借地方保护和自身机制较灵活的优势，打通了价格较低的原材料供应渠道（包括地方政府掌握的一部分材料）。而大、中型企业的计划内材料往往不能如数供给，有的即使如数供给但材质较差或品种不对路，难以顺利投入生产，欠缺部分还得向市场采购。大、中型企业的机制一般都不如中、小型企业灵活，从市场搞到较低价格的原材料比较困难。因此，虽有一部分计划内材料，但总体材料价格水平并不比一些中、小型企业低。

这种情况在整个机电工业是比较普遍的。由于存在这种现象，也使一部分小批量规模不经济生产的企业得以生存和发展，对不合理的组织结构客观上也起了一种保护作用。

（五）"三化"工作薄弱，给组织结构合理化造成了困难

组织结构合理化，要求"三化"工作必须先行。"三化"工作跟不上，就难以开展专业化大批量生产。一些本来可以由专业厂生产的通用标准件由于"三化"工作没有搞好不得不由各主机厂自行组织生产。这是我国机电企业被迫进行全能化生产的一个技术性原因。目前在全国 12 万个机电企业中，全能厂仍有 80% 左右。除轴承、液压件、电机、电器和螺钉、螺母等一些标准件外，绝大多数配套零部件要靠自己生产制造。据有关方面调查，我国机电企业自制件比例在 80% 左右，而美国还不到 40%；我国自制锻件约为 90%，而日本只有 15% 左右。显然，与先进工业化国家相比，我们还存在着很大的差距。这种差距的存在，决定了我国机电工业很难在较短时期内在合理化组织结构方面有突破性进展。

（六）对规模经济缺乏正确认识

多年来，各有关方面对合理化组织结构一直未能引起足够重视。一个很重要的原因是对规模经济缺乏认识。因此，在工作中缺乏宏观引导、企业缺乏行动，组织结构合理化工作始终没有真正作为一项重点工作纳入议事日程，狠抓不舍。对大量存在的低规模不经济生产现象不认为是一种极大的浪费，往往采取放任自流的态度。致使组织结构不合理问题至今未能得到很好解决。这几年虽然开始引起重视，并在发展企业横向联合和组建企业集团方面取得了一些成绩，但认识有深有浅并不一致，有的依然对改变落后的组织结构缺乏紧迫感，有的却以为规模越大越经济，组建企业集团一味追求企业多、规模大，这都是对规模经济的概念不清，缺乏正确认识的具体表现。

§9.5 对策建议

为尽快改变机电企业组织结构非合理化和市场行为非规范化的落后局面，建议采取以下一些政策措施。

（一）要强化法规作用，弱化地方干预

改革以来，各项经济法规相继出台，但总的来看，尚未形成完善、统一的法规体系；另外，经济领域内的法律意识仍很淡薄，经济法规远没有起到规范经济行为和保障经济活动的作用。这也是导致宏观管理乏力的一个重要原因。与此同时，各地的"土政策"却纷纷出台，在实施过程中大有以小抗大之势。在这种情况下，单靠一般性行政指令解决市场分割、条块分割等重大难点是很困难的，必须抓紧研究，制订健全的法规以保护企业公平竞争，促进组织结构合理化，用法律的硬约束解决妨碍企业间开展公平竞争、妨碍开展横向联合和组建跨地区企业集团的有关"土政策"和非正当干预问题，使各级政府、管理部门和企业的一切经济工作与经济活动都纳入正常轨道，这是推进企业组织结构合理化和规范企业市场行为的根本之策。

（二）要切实强化行业管理功能

行业管理部门是国家对机电工业实行宏观调控的主要职能部门。该部门的功能强弱直接影响着国家实行宏观调控的能力与效果。在目前部门管理和地方管理比行业管理更直接、更有手段的情况下，要实现机电工业由外延型扩大再生产向内涵型发展的转变是十分困难的。

组织结构的合理化和市场行为的规范化，也要求国家有一个具有权威性的行业管理部门，以约束和改变企业多头管理、市场多家分割的局面。只有将企业的多头管理变为一家调控，将市场

的多家分割变为统一管理，才有可能按照经济发展的要求和国家政策的要求，加速机电企业组织结构的合理化和市场行为的规范化进程。

（三）要提高思想认识，加强科学指导

正确的思想认识与科学的工作指导，是把机电企业组织结构合理化工作引向健康发展轨道的思想保证和工作保证。合理化组织结构中的一个突出问题就是经济规模的合理确定问题。每种产品都有一个与生产技术水平相联系的合理规模点。不同的产品由于生产技术水平不同，其合理规模点也是不同的。如，1989年20时彩色电视机的合理规模点为20万台左右，小型拖拉机为5万台左右，小型柴油机则为12万台左右。即使同种类产品，随着时间的推移，生产技术水平的不断提高及企业经营内、外部环境的不断变化，合理规模点也会产生相应变化。因此，各行业在开展对组织结构的重组再造的指导工作时，必须首先进行科学分析，确定适合本行业的经济规模依据。这是一项必须先行的基础工作。

（四）要把推进组织结构合理化作为一项中心工作来抓

组织结构合理化不仅可以显著地提高企业效益和整体效益，而且是加速振兴机电工业的一项根本性措施，也是使机电工业少投入、多产出，减少对基础工业的依赖程度，促进产业结构合理化的一个重要环节。因此，在效益滑坡，产业结构失衡的情况下，把合理化组织结构作为一项中心工作来抓已势在必行。

实行"分灶吃饭"的财政体制以来，地方的积极性是调动起来了，但同时也带来了地方政府权力过大、对企业干预过多的问题。尤其是机电工业，原由机电部管理的企业已全部下放到地方。企业在地方政府的监管下既有联系方便的便利条件也有管理过度的突出矛盾。在这种状况下，企业要越过地方政府去发展企业间的横向联系或组建企业集团是不可能的。未经地方政府同

意，即使行业管理部门出面疏通也行不通。因此，在"分灶吃饭"的财政体制一时不能改变、经济活动又不受法律强力约束的情况下，组织结构合理化的一条有效出路，是由国家授予行业管理部门"尚方宝剑"，把组织结构合理化作为行业管理部门的一项中心工作来抓，近期主要以组建企业集团方式对组织结构加以调整，地方政府和部门管理一律不得从中干预，以保证合理化工作的顺利进行。

（五）要改进考核办法

以产值论工作成绩的考核办法，在以形成生产能力为主要任务的工业发展初期是有必要的，对机电工业的量的增长确实起了重要作用。然而，当机电工业形成一定生产能力后，考核工作成绩的指标必须进行相应调整。既要有速度指标也要有效益指标，既能促进能力的提高，也能促进内涵的发展。当机电工业由量的矛盾转化为质的矛盾、效益的矛盾时，考核指标就不能再以速度型指标为主，而应以效益型指标为主。通过对效益指标的考核，促使各级政府、主管部门和机电企业的指导思想从习惯于外延扩大转变为注重内涵的提高上来。这样不仅有助于改变动辄就搞布新点、增能力的外延扩大的做法，而且会促使各有关方面把注意力放在质量、水平、效益的提高上，对实现组织结构合理化，改变整个机电工业的面貌，对减少原材料、能源等短缺资源的需求，减轻瓶颈产业的压力，解决产业结构严重失衡的一些关键性问题都会有重要作用。

10章　中国商业企业结构与行为

流通领域的改革是我国起步较早、收效也较大的改革领域，目前已经初步形成新体制的雏型。但也勿庸讳言，在分权让利、搞活企业中，许多措施误导或相互间的不配套、不衔接，致使商业企业行为出现短期化、扭曲化，造成企业内外部结构不合理，阻碍流通，制约了生产的发展。因此，进一步分析和研究商业企业结构、企业行为，不仅是深化改革的需要，也是今后经济发展的需要。

§10.1　中国商业企业结构的现状

经过十余年的经济体制改革，中国商业企业结构不论是内部结构还是外部结构，都发生了很大变化。

（一）商业企业外部结构

商业企业外部结构的变化主要体现在以下几个方面：

1. 规模结构的变化。1978—1989 年，社会商品零售总额由 1558.6 亿元增加到 8101.4 亿元，增长了 5.19 倍多，年均递增18％，高出改革前 26 年递增速度 12 个百分点，11 年增加的社会商品零售额相当于改革前 26 年增加额的 5.1 倍。

2. 所有制结构的变化。改革前，从事商品流转和经营的商业企业，基本上为国营企业和供销合作社企业（见表 10-1），流通渠道单一，缺乏竞争。改革开放以来，由于在商品流通领域大力贯彻"国营、集体、个人一齐上"的方针，短短十年时间，社会商业所有制结构就发生了实质性变化，国营商业企业在全部商业企业中所占比重由1978年的12.11%下降到1988年的2.58%，下降了9.53个百分点，从业人员构成由32.69%下降到15.36%，下降了17.33个百分点；集体所有制商业在全部商业企业中所占比例由77.61%下降到12.71%，下降幅度高达64.90个百分点，人员构成比例由62.99%下降到31.26%，下降了31.73个百分点；个体商业企业在全部商业企业中所占比例却由14.18%上升到84.66%，增长了70.48个百分点，从业人员由4.31%上升到52.75%，增加了48.44个百分点。

表10-1 社会商业、饮食业、服务业机构和人员分经济类型构成

项目	全民所有制 /%		集体所有制 /%		合营 /%		个体 /%	
	机构	人员	机构	人员	机构	人员	机构	人员
1978 年	12.11	32.69	77.61	62.99	—	—	14.18	4.31
1988 年	2.58	15.36	12.71	31.26	0.03	0.62	84.66	52.75
变动幅度	-9.53	-17.33	-64.90	-31.73	0.03	0.62	70.48	48.44

资料来源：根据《奋进的四十年》和《中国统计年鉴》（1989）中有关统计数据计算而得。

3. 销售结构的变化。改革以来，在社会商品零售总额中，国营商业企业、集体商业企业所占比重迅速下降，个体商业、私营商业所占比重急剧上升（见表10-2）。

表10-2 各类商业企业在社会商品零售总额中所占比重

年份	社会商品零售总额 / 亿元	国营商业企业所占比重 /%	集体所有制商业企业所占比重 /%	个体商业所占比重 /%	合营商业所占比重 /%	农民对非农业居民零售额所占比重 /%
1978	1558.6	54.60	43.27	0.13		1.99

年份	社会商品零售总额/亿元	国营商业企业所占比重/%	集体所有制商业企业所占比重/%	个体商业所占比重/%	合营商业所占比重/%	农民对非农业居民零售额所占比重/%
1979	1800.0	53.99	43.13	0.24		2.64
1980	2140.0	51.43	44.62	0.70	0.02	3.22
1981	2350.0	49.85	44.71	1.59	0.04	3.80
1982	2570.0	48.70	44.02	2.90	0.06	4.31
1983	2849.4	46.99	41.75	6.48	0.13	4.67
1984	3376.4	45.55	39.60	9.59	0.23	5.03
1985	4305.0	40.42	37.17	15.35	0.29	6.76
1986	4950.0	39.41	36.44	16.26	0.31	7.57
1987	5820.0	38.64	35.17	17.38	0.32	7.92
1988	7440.0	39.46	34.38	17.79	0.36	7.99
1989	8101.4	39.10	33.20	18.63	0.45	8.61

资料来源：根据《中国统计摘要》（1990）中有关资料计算而得。

由表 10-2 可见，1978—1989 的 11 年间，国营商业企业商品零售总额在社会商品零售总额中所占的比重，由 54.60％ 下降到 39.10％，下降幅度高达 15.5 个百分点；集体商业企业商品零售总额在社会商品零售总额中所占的比重，也由 43.27％ 下降到 33.20％，下降幅度高达 10.07 个百分点。但与此同时，个体商业的商品零售额比重却一下子由 1978 年的 0.13％ 上升到 1989 年的 18.63％，增加幅度高达 18.5 个百分点。市场上商业企业销售规模结构的这种变化，首先说明传统的国营商业企业与集体商业企业（主要指供销合作社）一统天下的格局被打破，形成了多元

化的商业企业结构，为开展多种形式的竞争提供了组织准备。现实情况也正是如此，特别是1983年开始大步推行"三多一少"批发体制改革和以承包经营责任制为主的企业组织、运营改革之后，许多个体商业、合营商业企业纷纷涌入流通领域，一时间百家经商，竞相销售，繁荣了广大城乡市场。但商业企业销售规模结构的这种过快变化，也说明了我们在发展多元企业竞争中，忽视和放松了国营商业对市场的主导作用。如近年来，批发市场多元经营体制逐步形成，除国营与供销社批发商业外，还有商商联营、工商联营、农商联营、工农业自销、中外合营、公私合营、个体私营等批发形式，对活跃城市商品购销起到了很大作用，但由于批发商业法规缺乏，批发市场体系不完善，多种批发商业之间加剧了无秩序、无规则的"自由竞争"，使许多不正当的竞争手段登堂入室，各种垄断封锁、囤积居奇、压级提价、哄抬抢购、转手加码、买卖合同、行贿索贿、欺行霸市等行为充斥于市场，使市场运行和市场结构发生"病变"。

4. 经营结构的变化。商业企业经营结构的变化主要表现在批发企业经营结构的若干改革或变革上。批发商业下放给中心城市管理后，全国各大城市争设一级站，各地市普遍设立二级站，各县旗又普遍增设三级站，实际上比改革前的"一二三零"商业经营结构还要复杂。商业企业经营结构这种变化的原因是多方面的，其中主要有：（1）设批发企业机构便可获得批发环节利润，为层层加码、转手倒卖、从中渔利提供了组织基础；（2）设立批发企业机构之后，便可以通过商业部系统争取到较多紧俏商品的经营权，既可满足本地区一些"特殊"消费者的需要，又可以借此多赚钱；（3）设置批发企业机构，可以优先对外对内推销本地产品，为保护本地工业和农业大力发展流通渠道。在大批新的批发企业建立的同时，原有各级批发企业机构，由于作为经营实体的批发站已经下放给所在地城市，实际已变成有名无实，但因为没有取消其批发收益权，它们纷纷充实公司，控制经营实权，所以这部分批发企业不但没有撤并，反倒有所增加。至此，批发商业领域便形成了多家商业企业竞争的格局，国营和供销合作社企业在这一领域的控制能力也大大削弱。

（二）商业企业内部结构

改革之前，我国国营商业企业内部结构（主要指企业产权结构以及与其相适应的经营体制）的特点主要是集权分配型，国家对企业经营活动实行指令性管理。这种企业内部结构随着有计划商品经济的发展已显示出其明显的缺陷：（1）政企职责不分，行政集权过多，企业缺乏必要的经营自主权。因为国营商业企业无论是计划的制订，财务核算，还是物价水平的确定以及业务安排和机构设置、人员调配等，都集中在商业行政部门，企业无权、无利、无责，成了政府的附属物。（2）分配上的大锅饭和人事上的铁饭碗抑制了企业动力机制的形成。（3）政府的行政管理权与国有资产的所有权不分，国有资产基本上处于无人负责的状态。因此，商业体制改革伊始，国营商业企业内部结构的改革就被放到突出地位。经过11年的探索，商业企业内部结构已发生了很大变化。

1. 商业企业经营机制的变化。企业经营机制是企业行为的内在约束条件，它决定着企业行为的方式和特点。针对传统商业企业经营机制的缺陷，我国商业企业的经营机制形式主要有以下几种：

（1）租赁经营责任制。在商业体制改革中，如何把企业资产变成可以流通的商品，是重塑企业经营机制的难点。租赁经营制正是在这样一种情况下产生了，它是企业资产使用权实行定期有偿转让的制度，租金是出卖资产使用权的价格。

租赁经营责任制作为优化商业企业经营机制的一种手段，在改革前被严格限制，只是近几年才得到了广泛的发展。目前在商业企业租赁经营中，既有个人承租全民或集体企业的，也有全民企业承租集体企业的，还有集体企业承租全民企业的；有部分承租的（如承租某个经营网点或柜台），也有全部承租的。目前租赁经营责任制在优化商业企业内部结构方面已显示了许多优点。

其一，增强了不同所有制商业企业的兼容性。开展跨部门、跨行业的租赁，在不同的所有制企业之间进行租赁，突破了不同所有制企业之间的所有权约束，使资产存量在使用权层次上流动起来，有利于横向经济联合的发展和经济技术合作的广泛进行，促进了生产要素的优化组合。租赁经营责任制的广泛推行，结束了资产存量调整的所有制壁垒格局，为商业企业实行市场化、社会化经营提供了有利的经营机制。

其二，改善了商业企业内部管理，提高了经济效益。在实行租赁经营责任制过程中，许多地方都把资产使用权放到市场上公开招标，使租赁从程序到实质内容都市场化、社会化。这样，就会使效益高的企业在租赁中获得较高租金，使效益差的企业在出租中处于劣势。由于企业资产评估社会化、公开化、市场化，相应地提高了效益好的企业的资产价值，进一步激励企业提高素质。

（2）承包经营责任制。承包经营责任制是一项通过契约关系界定承发包双方权益边界的制度，承包形式和承包基数是承包制的重要内容。所以，商业体制改革开始不久，承包经营责任制就作为商业企业改革的一种基本形式确定下来。通过承包，进一步增强了人们的改革意识，推动了政企分开、两权分离，扩大了企业自主权；通过承包的形式，界定了国家、企业之间的利益关系，形成了新的动力机制，调动了企业和职工的积极性；承包制还促进了企业改革，转换了企业经营机制，给企业注入了活力。

2. 商业企业内部组织结构的变化。目前商业企业的内部管理制度较改革前已有很大改观，主要表现在以下几个方面：

（1）建立了较为完善的领导体制。大部分商业企业现在都建立了以经理负责制为中心，充分发挥党委、职工代表大会作用的三位一体、分工负责的体制。坚持经理负责制，保证经理在商业企业经营活动中的中心地位，是我国商业企业改革的基本经验。这是因为，它既适合社会主义市场经济的需要，又符合现代企业管理的要求；而在新形势下发挥党组织的保障、监督作用，正是保证企业按社会主义方向经营的必要条件；加强职工民主管理，强化职工代表大会在企业管理中的职能，既能保证职工主人翁地位，又是现代化管理的需要。

（2）企业经营者和劳动者要接受市场约束。由于大多数商业企业都实行了租赁制或承包经营责任制，所以企业的经营者，主要是经理要经过政府主管部门组成的专家组考核合格后方可任命，副经理及部门主管、会计师由经理聘任。与此同时，对新就业职工实行劳动合同制，使企业用工制度市场化。此外，部分商业企业还对在职职工实行了优化劳动组合，使劳动力存量也纳入市场约束之中。在选择企业经营者和劳动者中，由于引进了竞争机制，激励了经营者和劳动者的积极性，对劳动力的优化配置创造了市场实现条件。

（3）企业普遍调整了内部利益分配结构，按劳分配原则得到了较好落实。改革前，基本上是职工吃企业的大锅饭，职工内无动力外无压力。因此，改革后，许多企业通过劳动岗位责任制，强化劳动管理，并将工作成绩同劳动报酬直接挂钩，调动了劳动者的积极性。

§10.2　商业企业行为短期化的表现

商业企业内、外部结构的变化，特别是租赁、承包制的广泛推行，使商业企业有了自身的独立的经济利益，刺激了企业经营上的主动性，对提高企业经济效益，优化企业组织结构等都产生了积极而深远的影响。但是，如果把商业企业结构调整中的企业行为特点放到改革总目标上分析，就会发现：商业企业内、外部结构的变化，对增强企业活力只是短期内效益明显，而时间稍长，企业行为短期化的特点就变得尤其突出，甚至成为进一步优化商业企业结构的障碍。目前，商业企业行为短期化的特点主要体现在以下几点：

1. 重视眼前利益，普遍存在短视行为。一些租赁、承包企业为追求承包期间的最大利益，不顾企业发展，忽视正常经营，急功近利，盲目竞争，造成企业后劲缺乏。

2. 企业与国家讨价还价，造成企业行为双重扭曲。租赁、承包制的推行，确立了企业独立利益的存在，所以企业与国家主管机构签订租赁或承包合同时，往往拼命压低基数，隐瞒企业经营能力，有时甚至故意不完成上年指标或刚好完成（因为新的一年的承包合同基数一般是以上年完成指标情况而定），同时在利润分配中，企业又千方百计多留，造成国家利税泄漏。黑龙江省对某市的典型调查发现，在 1988 年度全市商业利润总额和应交税利分别比上年下降 16.7％和 75.4％，而企业留利却增长 55.2％。

3. 企业竞争手段不正当，非市场竞争充斥于市。如近年商业企业在业务经营和处理与行政管理机构的关系时，各种回扣、行贿、送礼以及吃喝玩乐等公费开支大幅度上升，致使在进货渠道上许多生产优质价廉商品的企业产品遭受商业企业冷落，而许多能提供各种回扣、贿赂以及其他方便但产品质量差价格高的企业，却可以堂而皇之地进入流通渠道，甚至许多国营商业企业连已经识别出来的假冒伪劣商品亦照卖不误。这样做的结果，实际上是助长了长线产业的发展，抑制了短线产品的生产，使社会有限的资源配置失衡。同时，回扣、行贿、送礼等非正常竞争手段的大量使用，使企业走上歧途，搅乱了正常的流通秩序。在销售渠道上，商业企业往往唯钱是瞻，放弃了为生产和消费服务的宗旨，大量欺诈性销售屡见不鲜，假烟、假酒、假农药、假化肥、假种子等纷纷通过流通领域进入消费者手里，广大消费者苦不堪言，商业企业却趁机牟取暴利。

4. 企业管理粗放。一些承包企业，特别是许多中小商业企业，不能很好地处理企业经理负责制与民主管理的关系，企业管理简单化，以包代管，甚至独断专行，给国家和企业造成损失。这些企业的租赁或承包者，在指导思想上，承包方向不明确，与发包者一再争指标、压基数，讨价还价；在用人组合上，唯亲唯财，裙带成风；在经营手段上，不讲商业道德，大肆使用非法竞争手段；在价值取向上，只追求个人和企业的经济效益，不顾社会效益；在管理方式上，实行家长制，毫无约束机制；在分配关系上，福利、实惠至上，企业的长期发展和国家的经济利益经常被忽视。

§10.3 结构与行为的变异对整个经济运行的正向作用

（一）商业结构的变化对整个经济运行的正向作用

商业结构的变化，直接显现着我国流通领域市场取向改革的深度和广度。规模结构的变化，说明供求关系已经成为影响经济参数变化的主要力量，社会资源更多地由市场配置，计划的具体实施更多地由国家的宏观经济政策和调控手段来完成。

所有制结构的变化，说明竞争机制在流通领域正在发挥越来越重要的作用。个体、私人商业企业数量和从业人员的迅速增加，形成与国营商业企业、集体商业企业相抗衡的一支新的力量，国营商业企业高枕无忧的日子已不复存在，要生存和发展，就必须增强市场竞争意识，与个体、私人商业企业争货源、抢顾客、瓜分市场。也就是说，个体、私营商业企业的大量涌现，已经把国营、集体商业逼上了市场化经营之路，竞争机制在这里已经在发挥自己的作用，优胜劣汰是没有国营、集体和个体之分的。

销售结构的变化，表明在我国多渠道、多主体的市场竞争格局已经基本形成，尤其个体和私营商业企业流通规模的急剧扩大，对活跃城乡经济、繁荣市场起到了积极有益的作用，同时也给整个流通领域注入了活力，使市场机制成为引导和配置资源的基本手段。

（二）商业企业行为的变异对整个经济运行的正向作用

通过一系列改革和调整，我国的商业企业尽管还普遍存在着短期化行为，但也不容否认的是：众多的商业企业已经初步具备了市场主体雏型：（1）企业普遍重视经济利益，特别是注意扩大市场，商品流通的组织基本上都由市场决定，使企业行为市场化而不是行政化；（2）所有制结构的变化，特别许多非国有或非集体企业的大量出现，风险意识强化，增加市场竞争压力，迫使国有企业加入市场竞争行列。

可以说，企业行为的诸多变异，不是说明企业改革失败了，而是说明这种改革还带有较多的不彻底性。同时，企业行为从单纯的行政操纵到市场主导，并不是靠"一个战役或两个战役"就可以完成的，它需要有一个渐变的过程，在这个过程中不可避免要出现一些不规范行为。因此，目前商业企业的诸多行为变异，表明我国整个经济运行正在向新的经济体制逼近，现在需要做的是探寻更有利、有效的改革途径，通过加快商业体制改革来完善和矫正企业行为的不良方面。

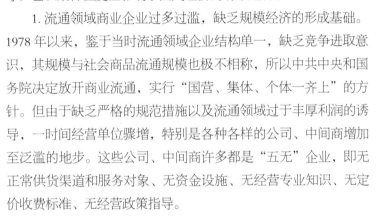

§10.4 结构与行为的变异对整个经济运行的负向作用

商业企业内外部结构的变化及行为的相应变异，在推进整体经济运行市场化的同时，由于改革中诸多措施的不协调或者误导，也从某种程度上影响了国民经济的有效运行。

1. 流通领域商业企业过多过滥，缺乏规模经济的形成基础。1978 年以来，鉴于当时流通领域企业结构单一，缺乏竞争进取意识，其规模与社会商品流通规模也极不相称，所以中共中央和国务院决定放开商业流通，实行"国营、集体、个体一齐上"的方针。但由于缺乏严格的规范措施以及流通领域过于丰厚利润的诱导，一时间经营单位骤增，特别是各种各样的公司、中间商增加至泛滥的地步。这些公司、中间商许多都是"五无"企业，即无正常供货渠道和服务对象、无资金设施、无经营专业知识、无定价收费标准、无经营政策指导。

商业企业经营机构在流通领域的骤然增多，一是超过了社会商品流通规模所要求的数量界限，造成流通渠道混乱，主要表现为流通环节多、迂回运输多、流通费用多、中间盘剥多。二是使有限的资金、人力、物力更加分散化，造成过度竞争，削弱了企业向规模经济发展的基础。

2. 商业立法不健全，各种行政收费、摊派任意增加，造成国营、供销合作社商业企业负担过重。据有关部门统计，1989 年以来商业企业新增加的支出项目就有：教育集资、控购商品附加费、银行资金验证费、银行信用证评定费、土地勘查费、土地登记费、税务登记证费、营业执照费、彩电专营证费、烟草专卖证费、酒类专卖证费、爆炸商品经营许可证费、卫生许可证费、音像专营证费、营业人员健康证费、法人合格证费、计量合格证费、兽医卫生合格证费、环境监测费、食品检验费、门前"三包"费、卫生费、档案登记费、汽车交易费以及火车站防火罩租用费等 27 种之多。这些收费不仅政出多门，而且收费标准不断提高，收费范围不断扩大，如营业执照，过去是每基层供销社办一份，现在则要求每个门市部、分销店和代销店都要办理一份。

3. 非正规的商业企业介入市场，造成商业企业交换关系紊乱。调整商业企业的内外部结构，无非是要商业企业结构尽快进入良性运转。但由于我们没有明确进入流通领域的商业企业究竟具备什么条件才有资格获得法人地位，所以，在近年的流通领域中许多非正规商业企业悄然混入，使交换关系发生了诸多混乱。这些非正规的商业企业主要表现为以下几种形式：（1）利用各种人际关系成立的公司，它们借助其成员在政府或其他各种机构的地位特权和职业特权，"盗窃"国有财产，"掠夺"消费者。在目前，这种人际商业企业"盗窃"国有财产的最大渠道就是利用手中特权，收平价资源转换成议价资源；"掠夺"消费者的主要方式是哄抬物价、循环加价。（2）企业内部的政企尚未分清，而企业外部的政企合一又接踵而至，各类行政性公司纷纷介入市场。如一些掌管商品物资的商业企业主管部门，既行使计划指标分配和行业管理的职权，又兼搞业务经营，集官商于一体。

4. 不正规的商业企业的大量介入以及不合法竞争手段的使用，造成"红市场""黑市场"与"灰市场"混乱胶着的状态，使商业企业作用的市场环境进一步恶化。作为"红市场"主体的国营商业企业，在市场取向改革中并没有真正转换内部经营机制，其转换过程停滞在半行政化、半市场化的状态，具体表现为：（1）国营商业企业占有着流通领域的绝大部分固定资产和流动资金，却不能实现规模经营；（2）国营商业企业对市场反应能力迟钝，不能及时、有效地引导供给、诱导需求；（3）"红市""灰市"化倾向严重，大量国营商业企业资源外泄到"黑市"上去，进一步扭曲了市场的供求关系。

在原来曾被称为"黑市场"的自由市场，在正名之后获得了极大的发展，是目前活跃于市场上的一支主要力量，为活跃流通，繁荣经济发挥了巨大作用。但由于市场规则的不健全或执行不力，许多企业实际上处在无序的市场运行之中：（1）这些企业（包括个体经营者）并不遵守市场规则，而常常以行贿、腐蚀有关人员进行非法竞争，以牟取暴利；（2）"黑市场"的经济组织行为由于缺乏约束或在贿赂机制调节后约束力弱化，其市场行为短期化、期诈倾向严重，大大损害了消费者利益。

"灰市场"是指靠拉关系或走"后门"购到商品的交易方式，它是靠人际关系分配资源的市场表现方式。"灰市"交易方式由来已久，但真正扩展到经济生活的诸多领域，还是由于市场机制与行政机制双重虚置后产生的。短缺的存在，行政定价与市场定价之间产生的价差，是"灰市关系"存在的基础。由于"灰市关系"主要是以人际关系为桥梁，而人际关系又分"软关系"和"硬关系"。所以，"灰市关系"也分成两种形式：（1）"软关系"下的"灰市关系"。由于"灰市"交易中的供给主体与需求主体是由"软人际关系"结合在一起的，而需求主体又没有优惠供给提供给对方，此时"灰市关系"就表现为职业特权与金钱的易位——通过贿赂机制协调灰市的主客体利益。这种"软关系下的灰市关系"已广泛存在，因为它不受特定对象的限制，只要贿赂量达到一定程度后，市场交易方式自然转向"灰市"，平价商品就会由受贿主体手中外泄到行贿主体手中。（2）"硬关系"下的"灰市关系"。"硬关系"是指灰市交易中的供给主体与需求主体的人际关系具有权力指向、约束等连在一起的关系，以及能够互相提供优惠供给的职业特权者。在"硬关系"约束下的"灰市交易"一般都带有互惠性质，贿赂并不以货币等物质形态直接表现出来，而是以相互的默契式优惠为对方也为自己提供利益。不论是"软关系"还是"硬关系"下的"灰市关系",都是一种非正规的市场行为,它的大量存在构成了商业企业结构优化的深层障碍。

5. 税赋不均,造成国营商业企业竞争条件恶化,使国营商业企业效益下降,发展后劲不足。国营商业除缴纳零售税、批发税、房产税、城市维护建设税、教育附加费外,所得利润还要缴纳55%的所得税、15%~25%的调节税以及能源交通基金,而对个体商业一般只收3%的营业税和大约1%的所得税。税赋分配的严重不公,实际上等于国家用政策缚住国营商业企业的手脚,迫使其退出市场竞争。

§10.5　结构与行为的变异对市场机制的影响

我国近年来交替出现的通货膨胀、市场疲软以及市场竞争环境变化、市场效率不高等问题,都与商业企业结构及其行为密切相关。商业企业结构的初期变化的确为市场机制在我国经济机体中提供了一块生存空间,商业企业行为的率先市场化,牵动了整体经济市场取向的改革。但是,随着新旧体制摩擦的增大,商业企业结构在尚未优化之前便驻足不前了,致使商业企业行为出现诸多非市场化行为,使市场机制的作用空间受到局限。换言之,由于商业企业的生成、运行以至终结尚未真正纳入一条以效率、责任、风险和发展为目标的轨道,障碍了市场机制作用的发挥。具体而言,就是:

1. 从租赁、承包经营责任制的具体实践来看,这种以"两权分离"为主旨的改革,只是启动了利益闸门而没有相应的风险机制约束。所以,这种改革虽然发展了企业之间横向的、多边的经济联系,借助市场机制使企业具有了一定活力,但同时也注定这种改革不可能真正优化企业结构进而矫正企业在传统体制下的那种不思进取的行为。换言之，这种改革本身就是政府的一种短期行为。

2. 在商业企业结构变动过程中，市场规则的不健全和非统一性，进一步促使企业行为发生变异。

引入市场机制，建立市场经济体制，除了普遍的商品货币关系，最重要的就是依据法律法规建立起与市场经济相适应的统一的市场规则，使市场经济组织的行为市场化、规范化。但由于整个商业企业改革是在法律、法规不健全，不完善，尤其是执行不力的情况下进行的，对市场机制的运行缺乏制度性约束，结果企业改革在许多方面陷入混乱，人们都想在改革中捞取更多的个人利益或本位利益，社会风险系统处于极度弱化状态。这样，集团或个人就可以利用手中的职权，慷国家之慨，肥"己"腰包，进行着种种负盈不负亏的"改革"。

市场规则的不健全，还使商业企业不能在同一起跑线上起跑，市场不能较为准确地评价市场组织的功能；市场规则的不统一，造成商业企业行为的混乱，政策中的区别对待（如完全进入市场、不完全进入市场的企业等）使经济运行中的"撞车"事故不断增加，经济效益在相互摩擦中消耗殆尽。

3. 近年来交替出现的抢购、市场疲软等均说明长期存在于流通领域的"瓶颈"仍没有消除，而产生此种现象的原因恰恰正是商业企业组织的非市场生成和不规范运行。

纵观我国众多类型的商业企业，尤其是在近年来，其数量有了极大幅度的增长，但其质量却没有实质性改变，其原因就是商业企业在转为市场组织过程中出现了两极分化。

（1）大部分集体、个体商业企业在发育初期往往是通过宗族等人际关系形成的以血缘、亲缘、友缘、地缘关系为轴心的"缘约式经济组织"。这种经济组织发育之始，便深深地带上了封建宗法体制的烙印，使得它在发展壮大到一定规模后，因血缘、亲缘或友缘关系的疏远发生市场组织的分裂和分化，把已经发展到较大的市场组织又蜕变为若干个规模很小的"缘约式经济组织"。"缘约式经济组织"在我国广大农村、城镇的个体、私人与合伙人经济中广泛存在。由于按照宗族关系、人际关系发育起来的这些商业企业，其组织结构是以血缘、亲缘或友缘关系维系的，利益的分配必须服从"亲情友"之间的内在联系，其运行方式和资源获取要服从人际关系。因此，它必然会内在地排斥市场经济所要求的"契约式市场组织"的生成和发展，再加之"缘约式经济组织"的脆性基础，必然产生市场组织规模过小、数量过多的"社会病"。

　（2）商业企业在发育过程中的行政吸纳与企业发育之初的行政"热炒"，使一些较大规模的市场组织蜕变为行政化经济组织。由于这种企业经济组织的结构、运行机制、维系体系基本上是以行政约束为核心的，故可称之为"政约经济组织"。这种经济组织有两个来源：第一，对现有市场化经营的商业企业进行行政渗透，最终达到变异；第二，通过行政手段组织和创办的商业组织，在极短时间内便使其运转起来。由于"政约式经济组织"是依靠权力维系和运转的，组织内各分层之间以及组织与外部的关系，都由权力关系来约束，就不可避免地亦要排斥以"契约关系"为基础的商业企业的生成和发育。

　"缘约式经济组织"与"政约式经济组织"在商业企业内部的过分发育，内在地排斥了"契约式市场经济组织"在商业领域的发育，因而导致市场运行"梗阻"的出现和企业行为的变异，使价格机制无法发挥正常的导向作用。正如我们近年来所见的，消费品市场价格机制受阻，在很大程度上是由于国营商业企业还没有从行政吸纳中解脱出来，对市场机制缺乏应有的反应能力。而依靠宗族或人际关系发展起来的"缘约式经济组织"，尽管规模不经济，但因强大的供给推进和需求拉动，仍导致流通领域淤积了过于丰富的利润。这既破坏了市场运行的正常秩序，也破坏了商业企业向"契约式经济组织"转变的基础，损害了市场机体正常发育的内在机理。因此，在矫正和健全商业企业行为、企业结构的过程中，突破"政缘约束"，使企业的组织关系、生成机制真正建立在"契约关系"的基础上，是深化商业企业改革必须引起注意的。

综上几点分析，我们认为造成商业企业行为短期化的诸多原因可以归纳为一点：经济体制改革的停滞以及诸多政策上的不协调，使商业企业的一只脚踏进了市场，而另一只脚仍留在行政协调体制内，双重信号的诱导和调节，引导出企业行为的双重化。正因如此，市场机制在整个经济运行中的作用被大大弱化。众所周知，市场机制的基本功能应有两点：（1）调节市场供求和资源分配；（2）促进科技进步和生产力的发展。所以市场能否起到这两个作用，不取决于如何组织和管理市场，而主要取决于企业对市场的反应。如果需求增加只引起企业提高价格的反应，其后并不引起企业增加供给；或者需求减少，价格并不降低，或者即使价格降低，企业也不能及时作出缩减生产、转移投资的反应，市场就起不到调节生产和资源分配的作用。同样，当成本降低或供给大于需求时，价格也不降低，竞争就失去作用，市场就起不到促进企业讲求效益提高生产力的作用。可见，我国商业企业的基本结构及其行为，正是缺乏对市场的这种双重反应，因此使市场的作用始终被限制在极为有限的领域。

商业企业行为的这种变异，使流通领域传出的市场信号往往偏离真正的市场运行状况。工业企业在收到这些失真信号后，做出的反应就会更加偏离市场正常格局。如近年来在商品流通领域中，当某些商品供不应求时，千百家商业企业就全部蜂涌而入，不断展开各种"抢购"大战，一时间使该种商品价格暴涨，进而刺激厂家盲目生产，形成短缺经济下的商品过剩。于是，所有商业企业都放弃该种商品的经营，迫使生产厂家和农民停产、转产或破产，不久该种商品又趋匮乏，导致新一轮"抢购"战开始，商业企业行为的这种短视行为，不仅使市场运行始终处在较大波动之中，而且造成工农业生产暴涨狂跌，不利于国民经济的长期、稳定发展。因此，在整顿商业企业结构、矫正商业企业行为过程中，逐渐发展商业企业集团，进而形成商业企业规模经济，对稳定市场、活跃市场，使工农业生产在稳定中发展，将是极为必要的。

11章 中国物资行业组织结构与市场发育

在我国，物资一词具有特定的含义，一般是指工业品生产资料。物资企业，有广义和狭义两种含义。广义的物资企业，泛指专门经营物资购销的所有流通企业；狭义的物资企业，则是指隶属于物资行政主管部门（物资部及地方各级物资局）的经营物资购销的企业。本书着重分析后一种含义的物资企业的组织结构。在涉及前一种含义的少数地方，将给出特别说明。

物资企业的组织结构与市场（主要是生产资料市场）运行之间的相互作用和影响，可以归纳为两个主要方面：（1）物资企业作为市场主体的组成部分，如何从行政机构附属物向商品经营者方向转变，如何参与市场竞争，接受市场指导，吸收市场信息，并以自己的经营决策和实际运行反作用于市场；（2）从更大的范围看，物资企业的经营活动，构成生产企业、建设单位及其他市场主体生产经营活动的重要的外部环境，这种经营活动的方式和性质，对整个市场运行的特点和模式，起着相当显著的影响作用。本书对物资企业组织结构和行为模式与市场运行之间关系的研究，将兼顾上述的两个方面，而以第一方面为主。

§11.1 物资流通组织结构的现状

物资管理体制的格局，对物资企业的组织结构和行为模式具有举足轻重的制约和决定作用。因此，有必要首先介绍这方面的简要情况。

1988 年 5 月 7 日，国务院批准了《关于深化物资体制改革的方案》。据此，我国的物资管理体制进行了一次大的改革。这个方案的内容比较广泛，在物资管理方式方面，把过去按产品的重要程度分类分级管理物资，改为按产品的重要程度和短缺程度，分别采取不同的管理方式。

自 1953 年起，我国一直对物资实行分类分级管理。主要内容是，关系国计民生的最重要的物资，由国家统一分配，称为一类物资；在国民经济中比较重要，或专业性比较强、主要由某一部门专门使用的专用物资或中间产品，由中央工业主管部门分配，称为二类物资；上述两类以外的工业品生产资料，由地方管理，称为三类物资。这种分类分级管理物资的体制，实际上完全排斥了物资作为商品自由进入交换的可能性，那时物资企业的业务活动只是根据计划的要求分配、订货、供应，企业自身完全是行政机构的附属物，谈不上有什么市场经营行为。

按照 1988 年改革后形成的新的物资管理体制，对物资依据其重要程度和短缺程度，采取四种不同的管理方式，具体内容是：（1）指令性计划分配，主要适用于少数短缺的重要原材料、燃料中属于重点企业生产的一部分。指令性计划分配物资纳入国家指令性生产计划，所需主要原材料、燃料由国家安排，产品除按规定可以自销的以外，交给国家分配。（2）国家合同订购，主要适用于重要的机电产品。对国家合同订购物资，国家根据社会供求平衡情况制订指导性生产计划，其中国家重点需要部分，下达国家合同订购任务，并安排主要原材料，要求生产企业优先供货。（3）国家组织产需衔接，主要适用于专业性强的协作配套物资，由物资部门或主管部门组织产需双方协商订购议价，引导它们稳定产需关系。（4）自由购销，主要适用于供求基本平衡的一般原材料和机电产品。

适应于上述对各类物资的不同管理方式，并受制于现行的经济管理体制，目前我国物资流通是由不同的经营主体具体组织和承担的。按照行政隶属关系和所有制性质的不同，这些经营主体大体上可以分为四类。

第一类是生产企业的供销部门。它们主要是服务于本企业的生产经营活动，采购所需的专用和通用物资，销售自己的产品。在这一类经营单位中，一些大型生产企业和企业集团所属的供销部门，由于本企业所生产的产品重要而又短缺，品种规格全、质量好，产量在国内总资源中占有重要份额，加上改革开放以来企业自销权不断扩大，它们在生产资料流通中的作用越来越不可忽视。

第二类是中央工业主管部门和地方工业主管厅局的供销机构。它们基本上是为本系统的生产建设服务。过去主要是负责本系统计划分配物资的供应和销售，包括汇总需要、编制计划、提出申请、平衡分配、组织订货等。近年来，这类经营单位的计划外业务明显扩大。1988 年以后，中央工业主管部门中有 11 个部门的供销机构实行了物资部与主管部双重领导，以物资部为主；有 18 个部门的供销机构实行了主管部与物资部双重领导，以主管部为主。

第三类是国家物资行政主管部门分属的专业物资企业。它们面向全社会，经营通用的、基础性的工业品生产资料，供应重点生产建设单位、中小企业包括乡镇企业和"三资"企业所需要的物资，具有物资供销经验丰富、信息灵通、实力雄厚、网点众多、经营面广、信誉良好等优势，是目前我国物资流通的主渠道，也是国家吞吐物资、稳定物价、调节供需的主要依靠力量。1990 年，全国物资系统组织供应的煤炭、钢材、水泥、木材四种物资总额占全国使用总额的比重，预计可以达到 43%。

第四类是除前三类以外的其他经营单位，包括个体和集体单位。它们对应部分乡镇企业、城镇集体企业和城乡居民的零星需要，弥补国营流通企业的不足，起到了一定积极作用，但也存在着一些混乱现象，需要加强管理和引导。

在上面四类经营单位中，国家物资行政主管部门所属的专业物资企业（以下简称"国营物资企业"），是经营面最广、社会化程度最高的。截至1989年底，全国国营物资企业达到1万多个，经营网点4.2万多个。这些企业及其所属网点分别隶属于物资部和地方各级物资部门。按照经营范围的不同，国营物资企业也可以分为四类：（1）销售公司，一般按照经营的产品设立，包括黑色和有色金属材料公司、机电设备公司、汽车贸易公司、燃料公司、建筑材料公司、化工轻工材料公司、木材公司等；（2）供应公司，一般按照所服务的行业设立，如轻工物资供销公司、商业物资供销公司、农业物资供销公司、基建物资配套承包公司等。地方的和一部分中央工业主管部门的物资供应公司仍由行业主管部门管理；（3）综合性经营的公司，如生产资料服务公司、物资贸易中心、外商投资企业物资供应公司等；（4）其他公司，如物资开发公司、物资储运公司、物资再生利用公司等。

国营物资企业的主要业务，包括计划内和计划外两部分。计划内业务（生产资料服务公司和物资贸易中心一般无此项业务），主要是接受国家物资主管部门的委托，组织各种指令性计划分配物资中通过物资企业中转部分的订货、储运、供应工作。计划外业务，主要是通过各种有形的或无形的生产资料市场，在国家法律政策允许的范围内，自由组织购销。在组织资源方面，主要是与生产企业建立联系，以集资开发、物资协作串换等方式，开辟资源基地；在销售方面，则采取配套承包、包保供应、配送供应等方式，建立销售基地，稳定产需关系。

§11.2 结构与行为对市场发育的影响

经过前 10 年的改革开放和近两年的治理整顿，我国物资管理体制发生了很大变化。相对缩减了指令性计划分配物资的数量和比重，扩大了市场自由购销和指导性计划的范围，初步改变了过去物资流通统得过多、管得过死和排斥市场机制作用的局面，活跃了市场，促进了生产。从国营物资企业的组织机构和行为模式看，也发生了很大的变化，突出地表现在三个方面：

1. 开始向自负盈亏的方向转变。企业的发展、职工的生活水平，甚至企业经营者的升迁，无一不直接或间接地取决于企业的盈亏状况。目前，物资企业的利润动机空前强烈，虽然它们追求利润的目的和手段与真正的商品经营者并不完全一致，但最大利润确已成为绝大多数物资企业和经营者的第一动机，并由此引发出一系列的连锁反应。

2. 自由购销日渐增加。在企业经营总额中，传统的计划分配、订货、供应任务日益退居次要地位；计划外资源的购销，从无到有，从少到多，比重不断上升。这已成为一种普遍现象和发展趋势。计划外物资的购销业务，在资源来源、价格确定、销售方式和原则等方面，都明显区别于计划内资源的购销，更加接近市场上的自由交易。

3. 行政主管部门的干预和指挥有所削弱。虽然还没有实现真正的政企分开，但企业与其行政主管部门之间确实逐渐拉开了一点距离，任何人都很难再使企业像传统体制下的"算盘珠"那样行事，企业行为中自由和独立的色彩逐渐浓厚起来。

尽管目前市场机制以前所未有的范围和深度进入了物资流通领域，产生了多方面的积极作用，带来了有目共睹的巨大变化。但是，人们也越来越认识到，物资流通从产品经济体制下那种以指令性计划分配为主要形式的模式进化到国家调控下的自由交易、公平竞争的模式，物资企业从行政机构的附属物进化为自主经营、自负盈亏的市场主体，是长期而艰巨的任务。在我国，物资管理体制一直是以计划管理为主的传统体制的重要支柱，这不仅因为计划管理的对象中，物资的管理是极重要的基础，而且表现在，物资流通的行政主管部门和后来演变为物资企业的大部分业务机构，都是从计划管理部门中分离出来的，带有深刻的行政性烙印。时至今日，与其他领域比较，物资流通领域仍是传统体制遗留影响较大、新体制因素发育较弱的领域，在传统体制与新体制的对峙中，物资体制仍是支持传统体制的重要依仗力量。过去的改革虽然卓有成效，但从总体上看，还不能估计过高，从物资流通十年改革的性质来说，实际上只存在着模拟商品货币关系的过程，并没有发育出真正的商品货币关系。

从物资企业的组织结构与行为模式看，与发育市场的要求相比，可以发现明显的缺陷：

1. 企业设置不是依据经济发展的需要和合理布局的原则，而是依附于行政体系，有一级政府就有相应的物资主管部门和隶属于它的一系列物资企业。有时在一个城市中，由于几府同城，会并存三四套物资企业。

2. 纵向的行政性的联系依然占据重要地位。物资企业虽然不再是"算盘珠"，但也远不是自由翱翔的鹰。行政主管部门通过各种看得见和看不见的手段，控制和支配企业的重要活动和发展方向。与在市场竞争中生存和发展相比，物资企业自身也更希望得到行政主管部门的庇护和支持。

3. 企业结构小型化、分散化。由于企业之间横向经济联系发展不够，往往各自为战，缺乏协同配合，单个企业缺乏足够实力应付市场的波动起伏，抗风险能力差。离开了国家计划这个依托，也难以满足大型企业和建设项目的物资需要，并且难以发育出综合性的大型物资企业集团。

4. 物资企业的许多行为不符合商品经营者的规模。例如，许多企业追逐利润，其实是追求经营者和职工利益的代名词，企业的长远发展和后劲并不十分放在心上；追求利润的手段，除正当经营以外，有些企业把钻政策空子、挖国家财政墙角，甚至违法经营也作为可以选择的手段。

5. 市场关系的发展在企业之间极不平衡。一般说来，市场机制的作用程度，承担指令性计划物资供应销售任务的专业公司，要弱于生产资料服务公司、物资贸易中心等不承担指令性计划物资经营任务的公司，也弱于机电设备公司等所经营产品市场调节比重大的公司；部属和省区市物资厅（局）所属公司要弱于基层物资企业；内地物资企业要弱于沿海地区物资企业。

我国现阶段物资流通中市场机制的发育极不完善，与上述物资企业组织结构和行为模式中存在的缺陷有直接关系。这种直接关系主要表现在以下几个方面：

1. 由依附于行政机构而造成的物资企业之间互相封闭，与行政条块对市场的分割封锁相互作用、相互影响，使国内统一的生产资料市场难以形成。市场就其本性来说是统一的、完整的。市场功能的强弱与其作用范围的大小是相对应的。互相分割封闭的局部市场的机械相加，不可能得到统一的市场体系所能带来的巨大优越性。而物资企业之间的分割封锁，正是统一市场无法形成的主要障碍之一。

2. 物资企业对价格水平和资源流向的决策很大程度上受制于行政主管部门，而行政主管部门的意见往往难以充分考虑价值规律的要求。在这种条件下，物资价格的涨落，不能使物资供给和需求产生合乎商品经济一般规律的变化，从而使市场机制中最重要手段的作用大大打了折扣。

3. 物资企业没有实现真正的自主经营、自负盈亏，使企业之间的兼并难以进行，企业破产更是没有可能，优不能胜，劣不能汰，市场竞争特有的压力机制很大程度上丧失了。

4. 市场关系在企业之间发展的不平衡，导致不同的经营原则和规范在空间和时间上并存，并经常发生摩擦和矛盾，使物资流通中市场机制与计划管理体制时常处于对峙和僵持状态，加剧了市场秩序的混乱，增加了国家管理市场、调控市场的难度。

5. 由于企业组织结构小型化、分散化，没有能左右市场形势及对整个流通起组织作用的大型物资企业，加上企业之间缺乏协作和配合，导致主渠道乏力，"蓄水池"太浅，在面临市场波动时，不能平抑物价，稳定市场，而只能消极地适应市场变化。

上述分析说明，物资企业组织结构的现状，远远不足以构成生产资料市场发育的微观基础。作为生产资料市场重要的行为主体和活跃因素，物资企业的组织结构必须经历一个按照市场机制的要求继续改造和转轨变型的过程，这是生产资料市场充分发育必不可少的前提条件。

§11.3　组织结构重组所需要的体制条件

物资企业总是在一定的宏观环境特别是物资管理体制下从事经营活动的。按照市场机制的要求重新构造物资企业的组织结构，不可能单兵深入，而需要与整个经济体制特别是物资体制的改革相互配合、相互作用。物资企业组织结构演变涉及的体制因素很多，总结前几年生产资料市场发育过程中的经验教训，针对当前存在的突出问题，需要在以下几个方面着力进行改革：

1. 改革指令性计划分配物资的方式。在现行的物资管理四种形式中，指令性计划分配仍占据相当显著的地位。承担指令性计划分配物资的订货、储运、供应任务，是物资企业依赖行政主管部门的重要原因，也是行政主管部门直接控制支配物资企业的重要手段。

目前，物资分配的指令性计划实际上承担着双重职能，一是衔接产需，配置资源。生产指令性计划分配物资的企业，把自己的产品供应给计划规定的用户，从而使这部分物资资源直接按照国家计划的要求流动和使用；二是调节供需双方的经济利益。由于指令性计划分配的物资一般执行国家定价，往往不能获得合理利润甚至不能补偿生产成本，对生产供应这部分物资的企业来说，等于多缴纳了一道附加税，对于使用单位来说，则意味着享受了额外的补贴。改革物资分配的指令性计划，对上述两项职能应区别对待。对于衔接产需、配置资源的职能，鉴于目前我国市场机制的发育程度尚不足以保证资源的合理配置，应当暂时保留，将来可以随着市场功能的不断增强而逐渐削弱，直至最后国家放弃对绝大多数物资实行直接控制的职能。对于调节利益的职能，则必须尽快取消。以国家定价的方式调节经济利益，违反商品经济的一般规律，是不可能持久的。近年来指令性计划执行情况每况愈下，正说明了这一点。应当逐步提高国家定价水平，使它能越来越反映生产成本和供求关系，在它接近市场价以后，可以考虑彻底放开，国家不再采取直接定价的方式管理价格，而采取其他间接方式调控价格水平。实现了这一步，承担指令性计划分配物资供应任务的企业，就可以过渡到通过竞争进行选择，谁能做到时间短、费用省、环节少、服务周到，国家就可以委托谁负责供应。这样，既能使物资企业获得更大的自由度，也能促进其在市场竞争中经风雨、长才干。

2. 建立企业根据市场供求关系定价为基本特征的价格形成和运行机制。价格"双轨制"是市场发育不健全的重要表现，也是物资企业不能成为真正的商品经营者的重要制约因素。人们对价格"双轨制"的利弊已做过相当充分的分析。目前多数意见认

结构与行为：中国产业组织研究（校订本）

为，"双轨制"虽然曾起到一定的积极作用，但发展到今天已是弊多利少。事实上，价格"双轨制"最大的贡献，不仅在于它冲破了重要生产资料国家定价的一统天下，向人们展示出市场机制能够从我们现有的经济基础中呼唤出多么大的潜力，更在于它提示着价格改革的方向。但是，价格"双轨制"虽然在价格管理体制中引入了市场机制，它本身却是价值规律在扭曲状态下的一种作用形式，这正是它必须加以改革的真正原因，而不是像现在许多人认为的那样，它带来了市场秩序的混乱。近一二年来，人们还可以看到一个新的现象，即除原有的价格"双轨制"以外，计划内本应由国家统一定价的物资，相当一部分（1989年钢材已接近1/4、有色金属接近1/2）实行了高价。这里当然有企业利益作怪的原因，但更说明目前价值规律已不可能再被局限在"双轨制"提供的领地中发挥作用了。

价格改革的关键在于由谁定价，怎么定价。或者说，在培育生产资料市场的过程中，有关价格改革的内容不单纯是个双轨并一或计划内物资统一价格问题，而更在于并轨统一后的价格是如何决定的。在前一阶段关于水泥、煤炭等物资价格并轨的讨论中，有一种观点主张并轨后的价格要由国家根据供求关系和市价水平统一决定。这种主张实际上使价格改革又回到了出发点。虽然重新确定的国家定价一时可能比较符合实际，但多年来的实践证明，国家定价的管理体制和运行机制本身，难以保证定价水平长久、准确地追踪和符合价值规律的要求，而做不到这一点，就不会有正常运行的价格机制，很可能再次出现公开的或变相的"双轨制"。所以，价格改革的重点，是建立以企业根据市场供需关系和生产经营成本自主定价为基本特征的价格形成和运行机制，国家应尽可能将绝大多数产品的价格放开，摆脱过去那种"调整价格—比价复归—再次调价"的恶性循环。

3. 打破行政分割封锁以形成统一的市场体系。我国国民经济，至今仍保持着以地区和部门为基本单位进行组织管理的状态。每个地方政府都要负责组织自己辖区内的社会经济发展，每个部门都要负责本部门各项事业的发展。十年改革打破中央高度集权的体制后，行政条块的力量不是削弱了，许多方面还得到加强。在社会经济生活中，行政条块成为相当重要的利益主体和行为主体。我国地域辽阔，生产力水平参差不齐，部门之间、地区之间经济发展不平衡、产业结构不同，技术和管理水平也有高低之分，在这种情况下，不同地区和部门对经济政策、经济参数的要求必然是不同的，它们对生产资料市场的态度是以是否对本地区、本部门有利为取舍的，有利则鼓励发展，无利则加以限制，而不论有利无利，都十分重视保持对市场的控制权，以便随时可以根据需要关闭或封锁。这种由行政条块分割的市场，一方面使市场体系支离破碎，另一方面严重地阻碍了市场机制的积极作用，加剧了市场秩序的混乱。当今世界，不同国家之间为了发展贸易、促进生产，建立各式各样的共同市场、关税联盟等，都在尽可能地降低贸易壁垒，鼓励自由贸易，各国都可以从贸易自由中获得好处，公开的贸易保护主义很不得人心。在我们这样一个统一的国家内部，地方保护主义和分割封锁市场的行为就更是不合时宜的。

克服对市场的分割封锁，必须对国家管理国民经济的体制做相应的调整。要缩小地方政府对足以导致市场分割封锁的经济杠杆的管理权限。税收、信贷、外汇等经济杠杆要以各有关经济综合部门的垂直领导为主，不允许地方政府通过随意减免税、发放贷款、制定歧视性价格等方法来分割和封锁市场。地区之间的经济差别是客观存在，应当承认并努力缩小，但这是国家的地区经济政策所要解决的任务，不能由割据一块市场的办法来加以补偿，也不能以此为借口，搞占山为王、各自为政。经济生活中必须保持一些基本原则，维护统一的规范。任何差别和特殊政策都

结构与行为：中国产业组织研究（校订本）

必须在服从统一规范的前提下加以考虑。这一规范的核心就是平等竞争，以价格、质量、技术、服务、信誉取胜，反对任何"超经济强制"。

§11.4　组织结构重组的方向和对策

1.物资企业与其行政主管部门之间进一步进行政企分开。政企不分，是国有制经济及其管理体制在现阶段的必然产物。行政主管部门由于其地位性质不同，考虑问题的出发点不同，担负的职责及行事、运转方式也不同，它们在经济生活中的行为模式与真正的商品经营者相比，存在明显差异，它们的决策往往背离市场供求关系的客观要求，姑且不论决策程序是否科学的问题，单是市场形势瞬息万变和行政体制搜集信息和做出决策环节多、误差大、效率低，就足以证明行政的、直接干预企业经营的管理体制和方式与商品经济的客观要求难以相容。实现政企逐步分开以至最终分离，应当从过去那种直接式的管理，对实物量流动的管理，以及每一具体经营行为的个别管理，逐步过渡到间接式的管理，对价值量的管理和对总量与结果的管理。行政主管部门对企业经营者的选拔和任命方式，也应加以改进，如果企业经营者的产生和罢免完全取决于行政主管部门的意志，那么管理制度上关于政企分开的进展都会成为泡影。

2.建立多种市场主体并存、有主有辅、各展其长的流通企业组织结构。发展生产资料市场，必须多种市场主体、多条流通渠道并存，否则有可能形成行政性的或经济性的垄断，大大削弱竞争机制的力量，也会使市场供求关系的变化出现假象，背离客观规律。发展生产资料市场，又必须在多种市场主体、多条流通渠道并存的格局中，确立流通主渠道的地位，否则可能出现过度竞争、秩序混乱，市场难以稳定，国家对市场的调控缺乏依托力量。我国目前已初步实现了多流通渠道并存。在前述的四类生产资料流通经营主体中，各有各的资源和市场、优势和专长，它们相互之间既合作又竞争，使生产资料流通活跃起来，当然也存在着一些管理混乱、经营无序的情况。应当注意防止的一种倾向是，有人主张依据所有制性质和行政隶属关系的不同，决定哪些主体可以存在，哪些主体必须取缔，哪些主体应逐步消亡，哪些主体应逐步壮大，等等。这种主张，理论上不符合商品经济的逻辑，实践中也行不通，是不可取的。应当允许多渠道各展其长，优胜劣汰，通过市场机制的作用决定流通经营主体的取舍，并从中筛选出流通的主渠道来。

3. 划清企业自身经营业务与接受国家委托代行政府职能的界限。目前一般认为国营物资企业是生产资料流通的主渠道，国家也经常要求物资企业发挥调控市场、吞吐物资、稳定物价、保证供应等任务。应当明确，国家应当而且必须根据市场供需形势和国民经济发展的要求调控市场，这种调控的相当一部分任务可以委托某些经营单位代行。但是，行政职能和企业经营活动必须分开，物资企业不能作为行政机关的附属物代行政府职能。物资企业接受国家委托具体实施调控市场的任务，应当作为它的一种经营活动而不是由行政指令驱使的义务活动，由此引起的一切盈亏都应由国家承担，国家还应付一定的代办费，补偿企业人力、物力、财力支出，并使企业得到合理利润。否则，既可能侵害企业的合法权益，又会为企业依赖政府、掩盖经营问题提供借口。

4. 鼓励物资企业之间、物资企业与其他类型企业之间的联合和兼并。目前物资企业结构的小型化、分散化，使每个企业都势单力薄，既无法左右市场形势，也无法充分满足大型生产企业、重点建设项目供应物资和销售产品的需要。这种状况也不符合商品经济发展的一般规律，应当通过企业之间的联合兼并，形成强有力的物资企业集团来解决。当前企业联合兼并中遇到的障碍，主要有两个方面，一方面是体制上的制约，由于所有制性质、行政隶属关系和财政上缴渠道不同而无法实现联合兼并，是相当普遍的现象。前几年曾设想在"三不变"的前提下发展横向经济联合，实践证明局限性很大。冲破"三不变"的束缚，发展股份制物资企业和企业集团可能是一条较好的出路，但必须注意处理好入股各方的经济利益关系。除此之外，还可以发展各种形式的松散的经济联合体，参加联合体的各方在重大决策和经营活动上相互协调步骤、互通有无，也有助于解决物资企业组织结构小型化带来的问题。另一方面是企业及其主管部门在经营思想、经营习惯方面的制约。过去人们受自然经济和本位思想的影响，往往热衷于自成体系，以自我为中心，"宁当鸡头，不做凤尾"，担心联合之后大权旁落、利益外流，所以不甚热心。这种心理状态也不利于发展联合，应当予以克服。

5. 发展综合性的、全方位经营的物资企业。现在对企业经营范围的限制，主要有两种形式，一种是对专业销售公司，只允许它们经营某一类产品，不得涉足其他产品，另一种是对工业主管部门和生产企业的供销机构，只允许它们为本系统、本企业的生产经营服务，不得面向全社会经营。此外，对于某些特殊产品，还规定了专营等限制办法，对企业经营范围作出种种限制。在治理整顿时期，作为矫枉过正的表现，也许有一定必要性，但从长远发展来看，这种限制是不合理的，它不利于开展平等竞争，而且有可能强化产品经营权方面的行政垄断，应当加以革除。国家在特殊时期对特殊产品的经营权实施的特别管制，应当尽可能缩短期限，一旦情况许可立即解除。对正常时期和绝大多数产品来说，只应当有一种限制，那就是经营某种产品所必须具备的技术、设施、资金、人才等方面的条件。

6. 改进企业内部管理体制和运行机制。改进企业内部管理体制和运行机制，要坚持两项基本制度，一是经理负责制，二是经济责任制。现代商品经济条件下，企业的生产经营活动要求有统一的指挥系统和高效的决策程序。我国物资企业的领导体制曾尝试过许多形式，比较起来，能较好地满足商品经济要求的，迄今为止只有经理负责制。实行经理负责制，才能防止企业内部政出多门、责任不清、互相掣肘，从领导体制方面保证企业能对市场形势的变化做出适时反应。公有制企业中如何调动广大职工的积极性，各种形式的经济责任制被证明是有效的途径。目前，物资企业中普遍实行的经济责任制是承包制。由于物资企业与生产企业相比具有不同特点，有关方面对物资企业承包还持有异议。但不管怎么说，承包制在调动物资企业经营者和职工的积极性，增加国家财政收入，增强企业发展后劲方面，是发挥了显著作用的。承包制也还存在一些缺陷，应当加以完善，但不宜一概否定。完善物资企业承包制，一是要把承包进一步应用于企业内部管理，凡可以实行承包的地方都搞内部承包，把企业的每个职工，每项工作都纳入承包体系之中。二是要研究承包后防止企业和职工产生短期行为的办法。目前这方面的问题比较突出，如果解决不好，会损害承包制的效力。一些物资企业实行把企业长远发展的需求纳入承包指标体系，可能是比较好的办法。

后　记

　　我对产业组织问题产生兴趣并着手研究始于 1989 年。为了便于研究工作的进行，我于当年以"企业结构与市场组织"为题，向国家自然科学基金青年基金申请了一笔科研经费，并组织了由我主持的课题组，参加研究的主要是国务院发展研究中心、中国社会科学院，以及国家有关部委的同志。我们首先对我国工商业的市场结构、企业内部结构对企业行为的影响进行了研究，并发表了相应的研究报告。1990 年，我应美国斯坦福大学国际研究所东北亚美国研究中心的邀请，赴美进行为期四个月的合作研究。期间，一方面研读了国外产业组织理论的最新成果，另一方面与美国产业组织领域的一些学者进行了座谈。通过以上两方面的接触，深感国内产业组织理论研究的薄弱。回国后，我陆续发表了一系列关于我国市场结构和企业行为的论文，并在论文的基础上准备本书的出版。经过一年多的努力，本书终于可以和读者见面。本书的一部分是由课题组其他同志执笔，然后我修改和定稿，他们分别是第四章：陈小洪，第八章：吴仁洪，第九章：金尔林、王丽杰，第十章：房汉廷，第十一章：姚广海、丁宏祥。当然，作为课题组负责人和主笔，错误和偏颇之处均由我负责。

　　由于时间仓促，有些问题的分析尚待深入。我们热切希望得到同行和读者的批评和帮助，以便共同推进我国产业组织理论的研究。

马建堂

1992 年 12 月 20 日于北京翠微路寓所

后

记